ダメなときほど笑ってる？

失敗をぜ～んぶ「笑い」に変える方法

萩本欽一

廣済堂新書

はじめに
――「笑い」は人をやさしくする

七〇代で大学生になってから、仏教辞典や漢字の辞典など、新しい辞書を何冊か買いました。辞書を引くってなんだか新鮮で、勉強以外でもときどき眺めたりしていたら、一つ発見がありました。

「咲」という文字は、もともと「笑」という字の古字なんですって！　人が「笑う」ことは、人が「咲く」という意味でもあるなんて、ちょっとうれしくなっちゃった。だって、笑いって人生の花、っていうことですものね。

だとすると、「笑い」をつくるコメディアンは、人の気持ちを咲かせるのが仕事、とも言えるかもしれない。そう思うと、ますますうれしくなってくるな。僕は家のベランダで植物を育てていますけど、やっぱり花が咲くと気分がうきうきしてきますから。

咲いた花が散ると、次に咲くまである程度の期間が必要だけど、人は一日のうちに何回も咲け（笑え）ちゃう。そうとわかったら、やっぱり日常生活にもっと「笑い」があったほうが、花がいっぱいある人生になるんじゃない？

僕自身も、「笑い」を仕事にしてよかった、とつくづく思っているの。もともと僕はつき合いのいいほうでもないし、社交辞令もお世辞も言えない。アガって、怯《おび》える体質だからコメディアンにもまったく向いていなかったのに、周りの人たちに助けられてここまで来られた。ありがたい人生だよね。

高校を卒業して飛び込んだ浅草の劇場には、優れたコメディアンがたくさんいました。と言っても、言葉でなにかを教えてくれることなんてありません。先輩たちを観て、まねて、ワザを盗んで基本を身につけたら、あとは自分なりの「笑い」を一人で修行して、ほかのだれにも似ていない自分のスタイルを追求していく。

二〇一七年にＮＨＫ・ＢＳで始めた『欽ちゃんのアドリブで笑（ショー）』は、浅草時代に僕が体験したことを、若手のコメディアンや俳優さんに伝えていく番組です。浅草で僕たちがつくっていたコントやお芝居は、軽演劇と呼ばれていました。詳しいことは本のなかで書きますが、軽演劇とは言葉で笑わせるより、動きで笑いを生みだしていくもの。

その番組をつくりながら、浅草時代のことをいろいろ思いだしていたら、気がつきました。僕が先輩から学んだこと、自分で修行したことって、コメディアン志望の人たちだけじゃなく、だれにでも役に立つんじゃないかなって。

たとえば、「笑い」って失敗から生まれることが多いんです。今はだれかが失敗するとメディアで寄ってたかって叩いたりするから、社会全体が失敗を恐れて委縮してる感じがしませんか?

でも、失敗したら、それを自分で笑いに変えちゃえばいいんです。むずかしく考えなくても大丈夫。ほんの少しのコツがわかれば、だれの日常生活にも「笑い」は今より多くなる。そうなれば、人間関係ももっとスムーズになっちゃいますよ。

楽しそうに、気分がよさそうに笑っている人が近くにいたら、空気はぜったいやわらかくなるでしょ。「笑い」って人の気持ちをやさしくするんです。ああ、やっぱり咲いている花を見るのと同じだよね。

日常生活って思うようにいかないことがいっぱいあるけれど、そのなかで少しでも笑いを増やして、人生に素敵な花を咲かせましょうよ。そのコツを、本でも伝えられたらいいな……。そんなことを考えて、今回の本は生まれました。

以上、自分自身による前説は、これでおしまい。

ダメなときほど笑ってる？

目次

第一章　笑いが増えれば人生はもっとうまくいく

第二章

失敗を笑いに変える方法

第三章　仏教に「笑い」はあるか？

第四章　プロはこんな仕掛けで笑わせる

第一章

笑いが増えれば人生はもっとうまくいく

普段の暮らしにもっと笑いを！

今の世の中って、親切ですね。小学校に上がる前から「受験の対策」を教えてくれたり、高校生、大学生になっても先生たちが進路について指導してくれます。特定の職業に必要なことを教えてくれる専門学校もたくさんある。そのなかには「笑い」を仕事にするための養成所もあるんです。

僕が育った時代は、丁寧な進路指導もなかったし、なにかの職業に就いても、先輩たちが親切に仕事を教えてくれることもありませんでした。とくに僕が選んだ「笑い」の世界には、教科書もなければ、先輩たちに「どうすればうまくなれるんですか？」と聞いても、「十年やってれば……」なんて答えしか返ってきません。

その代わり、浅草コメディーの伝統に反することを新米がしようものなら、鉄拳が容赦なく飛んでくる。そんな時代でした。自分がやったことのなにが悪かったのか、どうしたら正解なのか、言葉ではまったく説明されない。先輩たちを毎日ひたすら観察しながら、自分で答えを探して、自分なりの教科書をつくっていくしかありません。

僕が研究生として入った浅草の東洋劇場では、ストリップショーの幕間にコメディアンが短い芝居やコントを上演していました。「軽演劇」と呼ばれる、セリフより動きに重点を置く笑いです。そのため、「頭ではなく身体で覚えろ」というのが、先輩たちの教えでした。

大事なのは大きな声が出せること、「間」と「タメ」を覚えること。これが基本中の基本なので、まず身につけていかなければならない。ところが僕は極端なアガり症で、大きな声を出そうとすると声が震えちゃう。「間」や「タメ」にしても、どうつくったらいいのかさっぱりわかりません。要するに、ものすごく不器用で、コメディアンにはまったく向かない人間だったのです。実際、三カ月が過ぎた頃、演出家の先生にこう言われてしまいました。

「これまでコメディアンをたくさん見てきたけど、早いやつなら一週間、遅いやつでも一カ月すればコメディアンらしい雰囲気を見せる。珍しいよ、お前は。三カ月経っても、コメディアンの気配も漂わないもんな。やめるんなら早い方がいい。はっきり言って、お前はコメディアンには向かないと思う」

僕はこの先生との縁で東洋劇場に入れてもらったので、言わば恩人からのクビ宣告。当時の座長格で僕の師匠だった池信一さんが間に入ってくれて、なんとか僕のクビはつながりました。

師匠の池さんのためにも頑張らなくちゃ！　そう思ったら俄然やる気になった。力って、自分のためじゃなく「あの人のために」と思ったときのほうが、発揮できるんですね。

一年ぐらいかけてコメディアンの基礎ができたら、あとは自分自身の笑いを追求してひたすら修行。これが浅草流でした。アドリブは基礎が一通りできてからでないと許されません。

新米が目立とうとして、セリフの決まっている芝居でアドリブなんか飛ばすと、こっぴどく先輩に叱られます。前衛芸術家と呼ばれる人たちが、実は完璧に基礎を習得しているのと一緒で、なにごともやっぱり基礎が大事なんです。

今、NHK・BSの『欽ちゃんのアドリブで笑（ショー）』（以下、『アドリブで笑』と表記）という番組で、浅草の軽演劇を復活させようとしていることもあって、よく浅草時代のことを思い出します。あの時代に考えたこと、学んだことって、笑いの仕事だけに役立つことではありません。人生だって教科書があるわけじゃないし、基礎の勉強が終わったら、あとは自分で修行しながら自分の人生を生きていくわけですよね。

しかも、人生はそのほとんどがアドリブ。いつどこでだれと会う、とわかっていても、その前にいちいち言葉を考えたりしないでしょ。万が一考えたとしても、相手の反応や言葉次第で臨機応変に行動していかなければいけない。ならば、大事な場面で最高のアドリブが出せるよう、相手の人に喜んでもらえる言葉や行動を常に考えていたほうがいいと思います。

うれしいとき、ほっとしたとき、人は自然と笑顔になる。それを目の前で見ると、自分も笑顔になれます。だから普段から、周囲の人たちを笑顔にする方法を考えて生きていれば、自分の人生にも楽しいこと、いいことがたくさんやってくるんじゃないかな。

僕のようなコメディアンに向かない人間だって、「笑いの修行」を地道に重ねたらプロのコメディアンになれました。だとしたら、僕が修行したことを紹介すれば、皆さんの日常生活のなかでもきっと役に立つと思います。

人生って緻密に計画を立ててもなかなかその通りになりませんが、つまずいたり失敗したりしても、それを笑いに転換できる方法があるのです。二つでも三つでも、そんな方法を覚えてください。どうせ一回きりの人生なら、笑いが多い方がいいに決まっていますからね。

笑いの「種類」と「正体」

ところで、「笑い」の正体ってなんなんでしょう？

笑いについては、遠い昔、ギリシャ時代から偉い人たちが考察していたようです。現代でも学者の先生たちが笑いについていろいろ語っているようですが、笑いを仕事にしている僕でさえ、笑いの正体をつかめていません。それに、笑いにもさまざまな種類がありますから、一言では断定できない。

「爆笑」、「哄笑」、「呵々大笑」、「破顔一笑」、「抱腹絶倒」、「含み笑い」、「高笑い」、「もらい笑い」、「馬鹿笑い」……

笑いに関する言葉は多いですね。擬声語だっていっぱいあります。

「ウフフ」、「ハハハ」、「ガハハハ」、「キャハハハ」、「ケラケラ」、「ゲラゲラ」、「へへへ」「テへへ」、「カラカラ」、「ニヤニヤ」、「ホホホ」、「ヒヒヒ」……。

改めて並べてみると、人間はいろいろな笑い方をしているものですね。

僕たちコメディアンは、お客さんに笑っていただくのが仕事です。浅草の軽演劇で言えば、「声の調子」「言葉」「動き」、そして「話の展開」で笑わせます。考えてみれば、これって、コメディアンに限らず、人とコミュニケーションをとるときにも大事な要素でしょ。

この四つのバランスが崩れると人間関係がギクシャクすることもあるし、不用意な言葉で相手を傷つけてしまうこともあります。笑いのなかでも「嘲笑」「冷笑」なんて、見たくありませんよね。

日常生活に必要なのは、気持ちのいい笑いです。気持ちがいいと、人は自然と顔の筋肉がほぐれ、笑みが浮かんできます。まずはこれ、「相手の頬をゆるませる」ことを目標にするといいかもしれません。

あの人の話を聞いていると、なんだか楽しい気分になるな。そう思われる人になるために、僕たち浅草育ちのコメディアンがやってきた修行の話、ここから始めますね。

「声」「間」「タメ」が笑いの基礎要素

さて、では劣等生だった僕の修行時代の話から。

高校卒業後に浅草の東洋劇場で修行を始めた僕が、まず初めに練習したのは大きな声を出すことでした。入ったばかりの頃、コメディアンになるためにまず覚えるべきことを師匠の池さんにたずねると、「大きな声を出せ」と言われたんです。

なんだ、それだけ？　そう思った人も多いことでしょうね。でも、ただデッカイ声が出せればいいというわけではないのです。東洋劇場は客席二〇〇ぐらいの小規模な劇場でしたが、一番後ろに坐ったお客さんにもきちんと声を届けないといけない。S席、A席なんて分かれているわけでなく、料金は一律ですから、平等に笑いを届けないといけません。

そこで、まず大きな声を出せるように声を鍛えておくのが基本。音楽学校や演劇学校、あるいは劇団ならきちんとした発声法や、舞台で小声やひそひそ声を出しても後ろまで通るコツも教えてもらえると思います。

でも、東洋劇場では「大きな声を出せ」だけでした。あっ、もう一つ、「ちゃんとした声が出せるまでには十年かかるんだよ！」とも言われました。つまり、十年間自分で勝手に工夫しろ、ってことですよね。浅草時代はなにからなにまでこんな具合でした。

僕の場合、人前に立つだけで顔は真っ赤、声帯は閉じ気味になって、無理に声を振り絞っても震えた声しか出てきません。実はこれ、小学校時代からの悩みでした。小学校一年生のとき、ガラにもなく級長に指名されて、先生が教室に入ってくるたび「起立！礼！」の号令をかけなければいけないのに、緊張しちゃって声なんか出やしない。

高校時代に食堂でアルバイトをしたおかげで、なにか頼まれたときだけは、「はいっ！」と大きな声を出せるようになりました。コメディアン修行を始めたときも、大声ではっきり言えるのは「はいっ！」だけだったんです。

そこで、僕は毎朝早く東洋劇場に入り、舞台の上に立って声を出す練習を始めました。「オレは萩本だ！」「オレは萩本欽一だ!!」これを毎朝、何度も何度も繰り返していたものです。最初は逃げたくなるくらい恥ずかしかった。でも、少しずつ大きな声が出るようになりました。だれも見ていない劇場での早朝練習、と思っていたら、実は劇場のお掃除をしてくれていたおばちゃんが、ときどき見ていてくれたらしい。「頑張ってるね！」とおばちゃんに声を掛けてもらったときのうれしさ、今でも覚えています。地道に一生懸命取り組んでいれば、思わぬところでだれかが見ていてくれるものなんですね。

大声を出す修行をしているとき、気づいたことがあります。大きな声は身体の動きと連動している。言葉を発する前に、まず動きを先行させると大きな声が出やすい。つまり、弾みをつけるわけです。それと、普段から人との距離を意識すること。離れたところにいる人に「おはよう！」と声を掛けるときに、小さな声で言う人はいません。名刺を渡すような至近距離で「おはよう！」と大声を出す人もいない。つまり、距離が遠くなれば自然に声は大きくなるので、人に声を掛けるときはできるだけ離れた位置からと心掛けると、声を出す練習にもなるわけです。

声って、意識してみると面白いですよ。身体の動きだけじゃなく、心の動きとも関連しています。同じ言葉でも、声のトーンによって意味を何段階にも変えられる。日頃はみんな無意識に人と会話をしていると思いますが、怒っているときには言葉だけでなく、声のトーンでも「怒っているんだぞ！」と相手に伝えているはずです。

「ナニやってんだ！」と部下や子供を叱るとき、ドスの効いた低い声が出ちゃうと思います。人って向かい合って話している相手から自然に影響を受けるので、相手が怒りのトーンでくると、「ボクのせいじゃありませんよ！」とか「うるさいな！」と返したくなってくる。売り言葉に買い言葉、というやつですね。あるいは叱るトーンがあまりに怖いと、相手は委縮しちゃって言葉も出ない。

こんなとき、声の出し方をいくつか知っていると、人間関係が穏やかになります。たとえば、「ナニやってんだ！」を、ワンオクターブ高いトーンで言ってみる。そうすると、言葉の意味は「怒り」でも、極端にトーンを上げた声で言われると怒りのトーンは逆に下がります。

叱られる側は、低いトーンの大声が飛んでくると予想しているので、まず「あれッ」と思う。そのあと、「あ、本当はそんなに怒ってないんだ」という気持ちが伝わるので、返す言葉が穏やかになる。多分、こんな仕組みなんでしょうね。

「ナニやってんだ！」を「ナァ〜ニやってんだよ〜」とか、普段と違う抑揚をつけて言ってみるのもいいかもしれません。言葉を選ぶことも大切ですが、その言葉をどういう調子で言うか、声のトーンを選ぶことで、相手に伝わる印象は大きく変わるんです。普段、自分はどういう声のトーンで会話しているか、過去に経験した大事な場面を思い起こして考えてみるといいんじゃないかな。

コメディアンの場合は、声のトーン、言葉、動きを覚えたら、これらを一度バラバラに分解し、再度組み合わせて表現することで笑いをつくっていきます。その話はまたあとでするとして、複数の声のトーンを実際に出して練習してみてください。きっといつか、それが役に立つ場面に出くわすと思います。

「間」は「笑い」を引き立たせるアクセント

前に言ったように、浅草の軽演劇は「動き」で笑わせるのが一つの特徴です。というとコミカルな動きを想像するかもしれませんが、それとはちょっと違います。動きのなかに入れる「間」や「タメ」で笑わせるのです。

話す言葉に「間」や「タメ」があるように、動作にも「間」と「タメ」があります。言葉にも動作にも、さらに表情や呼吸にも巧妙な「間」と「タメ」をつくって、笑いの渦を巻き起こすのがコメディアンの仕事です。

「間」と「タメ」についてはこのあと少しずつ説明していきますが、日常生活でもこれが使えるようになると、きっと人間関係が変わってきます。なぜって、間のいい人、タメをうまく使える人は、それだけで相手に気持ちのいい印象を与えることができるからです。

じゃあ、「間」ってなに？　大真面目にそう聞かれると、けっこうこれがむずかしい。ひらがなでも漢字でもたった一文字の「間」のなかには、たくさんの意味があるんです。広辞苑を引いてみると、まず最初の二つはこんな説明。

①物と物と、または事と事のあいだ。

②長さの単位。

このあと⑦まで説明はつづきますが、そのなかで僕がみなさんにお伝えしたい「間」はこれ。

④日本の音楽や踊りで、所期のリズムを生むための休拍や句と句との間隙。転じて、全体のリズム感。

⑤芝居で、余韻を残すために台詞と台詞の間に置く無言の時間。

さすが、うまく説明してくれています。④に出てくる「所期」というのは、「期待している事柄」という意味なんですって。

広辞苑には「間」が含まれる言葉も並んでいました。それも書いておきましょう。

「間が抜ける」、「間が悪い」、「間に合う」、「間を合わす」、「間を置く」、「間をもたす」、「間を欠く（用が足りない）」と「間を渡す（間に合わせる）」

間を欠く、間を渡すは知らなかったな。ほかの言葉は日常でもよく使うし、よく耳にしますね。間が抜けた人間は「間抜けだな～、おまえは」と言われるわけですが、「バカ」という言葉より「間抜け」のほうが、なんとなく柔らかくて可愛げがある感じがしませんか？

まあとにかく、こんなにたくさん使われているということで、「間」が人間の生活にとってとても大事なことはわかりますね。じゃあ、僕たちコメディアンにとって「間」

とはどういうものかというと、次に言うセリフやギャグ、あるいはオチをより一層輝かせるためのアクセント。この場合の「間」とは、単に言葉と言葉のあいだの空白のことだけに限りません。コメディアンはセリフだけではなく、表情、動作にも「間」を入れます。

もっと言えば、目の動き、首、肩、胴体、腰、腕、肘、手のひら、指先、膝、足、つま先……身体のあらゆる関節や部位に「間」を入れることができちゃう。全身で「間」を使って笑わせるのが、プロのコメディアンなんです。

まずセリフの「間」で言うと、「ボクできますよ」という短い言葉を、一息で平坦に言うと、セリフが流れて印象が薄くなってしまう。でも、「ボク、できますよ」と、「、」を入れるだけでニュアンスが変わります。この「、」が「間」というわけです。

時間にしたらほんの〇・五秒ぐらいのものですが、その一瞬で相手に期待をもたせたり、その場の空気をガラッと変えてしまいます。「、」が〇・五秒だとすると、ときにはそれを「、、」と二倍にしたり、「、、、」と三倍にしたり、その場に応じて変えてみると、同じ言葉でも、ニュアンスや伝わり方が変わってきます。

身体の「間」も理屈は同じです。目を動かすとき、膝を動かすとき、身体に「、」や「、」を入れ、スムースな動きにニュアンスを加えます。さらにニュアンスを複雑にしていくことも可能です。「ボク、できますよ」と言葉で言いながら、目の動きにピッと「間」を入れることで、「ほんとはできません」とか「やりたくないんだけど」などといった心の声を伝えられます。

もっとも、こんな高度なことができるようになるには、かなりの修行を重ねなくてはなりません。日常生活では、まず言葉の「間」をマスターしてほしいです。

世界中を笑わせたチャップリンの「間」

ところで、さきほど引いた広辞苑では、「日本の音楽や踊りで……」と、「間」を日本のものと限定して説明していましたが、「間」は国によって違うのでしょうか？　僕が思うには、こと「笑い」に関してなら、「間」は世界共通だと思います。

その証拠があのチャップリンさん。チャップリンの動きやセリフが、なぜあんなに面白くて感動的なのか。それは、「間」をいくつも重ねているからです。動作とセリフがすべてスムースに流れていくと、芝居でもコントでもダラダラした印象になってしまいます。そこでコメディアンは、セリフや動きの流れをほんのちょっとのあいだ止めて、ビシッと決めるのです。

チャップリンさんの動画を観る機会があったら、身体のパーツごとにじっくり観てください。「歩く」という、たったそれだけの動きのなかに、頭のてっぺんから、目、手、指先、爪先、膝関節などなど十カ所ぐらいに「間」を入れている。これが「チャップリンは歩いているだけでも笑える」と多くの人が感じて、世界中の人が笑った理由です。チャップリンさんの場合は、「笑い」だけでなく、「哀愁」を感じさせる「間」も絶妙。だから、僕にとっては永遠の憧れの人なんです。

同じイギリスのコメディアンでも、一九九〇年代にローワン・アトキンソンが演じた「ミスター・ビーン」になると、ちょっとわざとらしくなってしまいます。チャップリンにも影響を受けたようですが、ミスター・ビーンは顔につくる「間」が大きすぎるというか古典的。あれは昔の舞台のスタイルかな、という気がします。

アメリカのコメディアンでいうと、名優と呼ばれる俳優さんのなかに、スタンダップコメディの出身者が何人もいるんです。ロビン・ウィリアムス、マイケール・キートン、ジム・キャリー、エディー・マーフィー、スティーブ・マーティン、クリス・タッカー……。それぞれ個性的ですが、みんな「間」をたっぷり使ったコミカルな演技もうまいですよね。それは彼らがスタンダップコメディアンだったことに関係していると思います。

スタンダップコメディとは日本で言う「漫談」のようなもので、マイクの前に一人で立って観客を笑わせる。ダンスとか音楽の基礎がしっかりできていて、そこから「間」を学んでいるからこそ生まれる芸なんです。

そう言えば、日本の優れたコメディアンのなかにも、音楽畑出身の人たちがけっこういました。僕が坂上二郎さんとコント55号を組んだ当時、一世を風靡していたクレージーキャッツ（ハナ肇とクレージーキャッツ）がその代表格でしょう。植木等さん、谷啓さん、ハナ肇さんたちメンバー全員が個人として映画やドラマ、テレビのバラエティ番組で活躍できる腕前を備えていましたが、もともとのクレージーキャッツはコミックバンドでした。それもただ楽器が演奏できるだけじゃなく、それぞれジャズの世界で一流のプレーヤーたち。だから「間」を習得していたのですね。

クレージーキャッツの後輩に当たるコミックバンドが、いかりや長介さん、加藤茶さん、志村けんさんらを生み出したザ・ドリフターズです。コント55号がテレビの冠番組をつくっていた頃、裏番組でドリフターズの『8時だヨ！　全員集合』が放送されていたので、コント55号とドリフターズは「ライバル関係」と言われていましたが、プライベートでは仲良しで、僕はよくドリフターズのメンバーと麻雀をしていました。彼らの「間」も、音楽で磨かれていたのです。

昭和の名優の一人、フランキー堺さんも元はジャズドラマー。タモリさんもジャズトランペットを吹いていました。

これだけ並べれば、もうおわかりですよね。普通の人でもダンスや音楽を練習することで、「間」がわかるということ。相手をふっとなごませる「間」が使えるようにもなるんです。

というわけで、ようやくこの本を読んでくれている人の役に立つ、具体的な情報にたどり着きました。

「間」はダンスと音楽で覚えて

僕の体験を話すと、ダンスも音楽もからっきし苦手でした。つまりは「間の悪い」新人コメディアンだったわけです。大きな声を出すのは自分一人でなんとか修行できましたが、ダンスと音楽は相当苦労しました。

コメディアンの修行を始めて三カ月ほど経った頃、「お前にはコメディアンの気配も漂わない」と先輩から言われた話を前に紹介しましたが、その理由の一つが「踊れない」ということでした。

東洋劇場では踊り子さんのショーがメインで、コメディアンの役割はそのショーの合間（幕間）を埋めること。踊り子さんの引き立て役として、ダンスを一緒に踊ることもありました。もちろん振り付けの先生もいますし、練習時間もあるのですが、僕はいくらやってもうまく踊れない。

自覚はしていたんですが、自分の想像以上に僕の踊りはひどかったらしく、一緒に練習していた踊り子さんたちがみんな吹き出して、練習にならない。とうとう、文句がでてしまいました。

「ちょっと先生～、この坊や、なんとかしてよ～。笑っちゃってこっちも踊れなくなっちゃう」

お客さんを笑わせるために修行をしているのに、踊り子さんを笑わせてショーをぶち壊していたわけです。振り付けの先生からは、「お前はしばらく出てくるな！」と言われ、ダンスの特訓を受けることになりました。

踊り子さんたちに混じってレッスンを受けたんですが、二カ月ぐらい頑張ってもちっとも進歩しない。そんなとき、ある踊り子さんが僕の弱点をズバリと指摘してくれました。

「どんな人でも二カ月レッスンすれば踊れるようになるけれど、坊やはリズム感がないの。踊りの才能はないわね」

言ってみれば、「だからコメディアンの才能もなし！」と宣告されたようなものですが、僕はクヨクヨするどころか、ちょっと嬉しかった。だって、いくら練習しても踊れない理由が「リズム感の悪さ」だって、わかったんですから。

自分の弱点がわかったら、あとはそれを徹底的に克服するだけ。そう思って、リズム感を磨くためにドラムの練習をすることにしました。ジャズ界で名ドラマーと言われていたジーン・クルーパーの教則本とドラムスティックを買ってきて、さっそく練習開始。ドンッタタッッタ、ドンッタタタッッタ……と毎日叩きつづけ、わからない箇所が出てくると劇場に入っていたバンドのドラマーさんに聞いて毎日練習しているうち、けっこう叩けるようになってきた。

一年後、僕はバンドのドラマーさんが休んだとき、代理でドラムを叩けるようになりました。バンマス（バンドマスター）さんから、「コメディアンをやめて、うちのドラマーにならないか?」と誘ってもらったこともあります。もっともそれは、ドラムが飛び切りうまかったからではなく、僕にコメディアンの才能はないと思ったバンマスさんの、親心だったのかもしれません。

でも、浅草時代にわかりました。一人前になるのは、才能じゃないんです。こんな僕でも大声を出し、踊りとドラムの練習をつづけたことで、基礎は身についた。そして踊りとドラムでリズム感を磨いたら、「間」の取り方も自然と身についてきたんですから。

平均点よりぐっと低い位置から始めた僕でも、一年間コツコツ修行していれば、一応の形になるんです。プロのコメディアンを目指すのでなければ、お金を払って本格的にダンスや音楽を習う必要はありませんが、そのまねごとぐらいは体験したほうがいいと思います。テレビや映画、ネット、なんでも利用してダンスや音楽に触れて、自分流にやってみればいいんじゃないかな。

自然のなかにも「間」はある

「間」のことをもう少しお話しすると、「間」は自然界にも存在しています。たとえば海。川は絶えず一定の方向に流れているのであまり「間」は感じませんが、波が寄せては返す海には、なんとも心地よい「間」がある。

そう思うのは僕だけではないと思います。だって、多くの人は、悩んだときに川ではなく海を見に行くでしょ。あれはきっと、波の「間」に心を静めてもらいに行くのですよね。

実は、僕にもそんな体験がありました。もう四〇年近くも前のことですが、フジテレビが局をあげて勝負を賭けてくれた僕の番組が、見事にコケたんです。その番組が終わるとき、僕はスタッフと一緒に静岡県の伊東へ一泊旅行に出かけました。みんな一生懸命仕事をしてくれたし、最後くらいは楽しい思い出をつくって締めくくりたかった。

泊まったのは海に面したホテルで、僕の部屋は三階か四階かの海が見える部屋でした。夜、部屋に戻ってベランダに出ると、波打ち際までホテルのライトが届いていました。

きれいだな〜、と思って見つめていると、波はザッ、ザ〜ッと力強く押し寄せて、去るときはサ〜〜と静かに去っていく。

ああ、この波ってなんだか気持ちいいな、寄せるときは勢いよくザ〜ッとくるけれど、引いていくときは実に静か。こういう引き際ってかっこいいなぁ……。

その日、ベランダに出たのは夜の九時過ぎでしたが、気がついたら空が明るくなっていました。一晩中、波を見ていたんです。あのときの僕は、波を見つめながら自分の心境と重ねていたんでしょうね。勢いよくスタートしたけれど、負けを認めたらジタバタせず、静かにサッといなくなるほうが美しい。朝の光のなかで、そんなことを考えていました。

ちょうどそのとき、頭のなかに「良い子、悪い子、普通の子」という言葉が浮かんできて、ハッとしたんです。時計を見たらちょうど七時。次の仕事のことを考えていたわけではないのに、番組タイトルになりそうなフレーズがザッポンと頭の縁に寄せてきた。波がこの言葉を運んできてくれたのかな……そう思いました。『欽ドン！　良い子悪い子普通の子』は、「波の間」が恵んでくれたヒット作なんです。

波と言えば、人生にだって波がありますよね。嵐のように激しい波が押し寄せることもあれば、心地よい「間」をもつ波が心を洗ってくれるときもある。でも、意識していないと、人生の波にただ翻弄されることになってしまいます。

大事なのは、自分の周囲に漂っている波の寄せ方、引き方に注意を怠らないこと。とくに必要なのは、悪い波がやってきたとき敏感に察知することです。

僕の人生にもこれまでいろいろな波が押し寄せましたが、何度か大きな波が引いていく時期がありました。コント55号時代から僕を支えてくれたテレビのディレクターたちが、次々と現場から去っていった時期。僕のマネージャーも「やめます」と言い出したので、「あっ、今僕の前から大きな波が引こうとしているのかな」と思ったんです。

こういうときって、けっこう誘惑に引っ掛かりやすい。憂さ晴らしに酒ばっかり飲んだり、賭け事に走りがちですよね。こんなはずじゃない、明日はきっとまたいいことがあると思いたいから、お誘いが来ると行ってしまうんです。

僕だって誘惑に強いわけではありません。人生の波が引きそうなときではなく、波が押し寄せてきたとき、つい有頂天になって銀ギラの時計やイタリア製の高級ブーツを買ったんです。スター気分に浸ってみたかったんですね。でも、幸いすぐ気がつきました。波がきているときほど、身なりや言動に気をつけていないといけないって。それに高級品なんて、僕にはちっとも似合わないって。

その経験があったから、波が引いてきたときは逆らうのをやめようと思いました。「頑張る!」というのは、頑張ってどうにかなる状況のときに言う言葉。自分の力でどうにもならないときは、じたばたしても無駄なんです。そういうときはス〜ッと息を抜いて、ひっそりしていることも必要だと思います。こういう人生の流れを一早く察するためにも、「間」を覚えることって大切なんじゃないかな。

そうだ、「間」でもう一つ思い出しました。コメディーの「間」は世界共通。先ほどそう言いましたが、「間」にはその国独特のものもあります。

たとえば部屋のつくり。木製の床とドアで区切られている洋間には、「間」を感じません。どこもぴったり閉まっていて、窮屈なんです。その点、畳敷きで障子や唐紙を張った襖《ふすま》で仕切られている和室には「間」があります。隙間風も入ってきますが、ふっと気をゆるめられる「間」を感じる。『良い子悪い子普通の子』のセットを和室にしてもらったのは、そんな意味もあったんです。

いざ番組を始めて見ると、思った通りでした。たとえばだれかが外から帰ってきて、襖をそぉ～っと開ける。部屋にいたお母さんが襖を見ると、姿勢を低くした息子が下の方から顔を出して、「ただいまぁ～」と言う。

これだけで、部屋に入ってくる人の気持ちが伝わるでしょ？　そぉ～っと襖を開けて低い位置から言う「ただいまぁ～」は、「ごめんなさい……」を意味しているんです。門限を破ったりしたとき、これはかなり効果的。この動きのなかに「間」が入っているので、言葉を省略しても相手に気持ちを伝えることができるんですね。

だけど、洋間でここまで細かい気持ちを伝えるのはむずかしい。悪いことをして帰ってきたとき、ドアを多少ゆっくり開けることはできても、顔を出す位置は同じなので、相手は顔を見たとたん「なんでこんなに遅いのよ！」となってしまう。「間」を入れる余地がないからです。

今は和室のある家は少なくなっているかもしれませんが、自分が暮らしている環境で「いい間」を入れるにはなにをどう使ったらいいか、考えてみるといいかもしれません。

日本独自の「タメ」が笑いを生む

「間」についてはもっと話したいのですが、きりがないのでまたあとに回すことにして、「タメ」に移りましょう。「タメ」と言っても「タメ口」「タメ歳」というときの「タメ」ではありません。あれは「同じ」とか「対等な」を意味する俗語らしいですけれど、今ここで取り上げる「タメ」は……あれ、言葉での説明はむずかしいや。

そこでまた広辞苑を引いてみると、【溜】の項にはこう書かれていました。

ためること。ためておく所。特に、糞尿をためておく所。くそだめ。

江戸品川・浅草両所にあった非人預《あずけ》の囚人を入れた牢。

えっ？　ここにも僕が伝えたいタメは、載っていませんでした。僕がすぐに思いつく典型的な「タメ」は、歌舞伎で観られます。たとえば弁天小僧菊之助の有名なセリフ。

「知らざぁ〜言って　聞かせやしょう〜」

ここで使われているのが「タメ」です。「間」よりもう少し長く、うねりがあります。と言っても、歌舞伎を観たことのない人にはわかりにくいかもしれませんね。ではスポーツの例。野球やゴルフをしたことがある人なら、「おい、もうちょっとタメてから打て」なんて言ったり言われたりした経験、ありません？　あれが「タメ」です。

笑いの「間」が世界共通なのに対して、「タメ」は日本独特のものだと思います。だって日本野球にはバッターにもピッチャーにも「タメ」がありますが、大リーグを見ていると「タメ」なんか気にしないって感じのパワーベースボールですから。

日本で大活躍したバッターが、大リーグの球団に入ったとたんに打てなくなる陰に、「間」の問題があるのではないかと僕は思っています。

松井秀喜選手がニューヨーク・ヤンキースに入団してしばらくはさっぱり打てませんでしたが、ヒットが出はじめたとき、「ボールを待つことができるようになった」と語

って いました。それを聞いて、松井選手が「待つこと」と言ったのは「タメ」のことで、大リーグのピッチャーに対して、日本のタメで対抗できるようになったんだな、と解釈したものです。

僕が監督を務めていたクラブ野球チーム、茨城ゴールデンゴールズの選手にも、僕はよく「タメ」の話をしていました。ピッチャーには、「『一、二の三』で投げるのではなく、『一、二ィ～の～三』で投げるとうまくいくよ」とか。

選手たちには、始めのうちずいぶん抵抗されました。ゴールデンゴールズはアマチュア野球のチームですが、チームメンバーは高校や大学、あるいは社会人野球で活躍し、「将来はプロ野球選手か」と期待されていた選手が大半。その選手たちが実際の野球経験はほとんど皆無のコメディアンに、普通の監督やコーチが言うのと違うことを言われるのですから、抵抗感、反発感があるのはむしろ当たり前。

でも、素直な選手は「監督はわけのわからないことを言うなあ」と思いながらも試してみて、ちゃんと自分のものにします。素直な人ってそばで見ていると気持ちがいいから、応援する人も増えるし、着実に成長していくんですね。

ゴールデンゴールズでは、バッティングに行き詰って、「監督、どうやったら打てるようになるんでしょうかね？」と聞いてきた選手もいました。彼にはタメが足りないなと思った僕は、「歌舞伎を観てこい。そこにヒットを打てるヒントがある」と命じた。彼も素直でね、しばらくしたら「歌舞伎、観てきました！」と言うから、「そうか、じゃあ歌舞伎で観たタメを盗め。それをどう生かすかはお前次第だ」と言ったんです。

学びの基礎はだれかに聞いて教わっても、それがわかった後、どう修行して自分のものにしていくかは、一人で探していかないといけません。大事なのは、基礎をだれかに習ったあとの、自分の努力です。

コメディアンの修行では、タメをつくるために歌舞伎を観るのはもちろん、自分で日本舞踊を習う人も少なくありませんでした。「間」は洋舞、「タメ」は日舞で身につくんです。日舞、僕も習いましたよ。たった八カ月でしたけれど、先生について習ったら、肩や膝の関節といった身体にタメを入れるということの基礎がわかった。僕にとっての日舞はコメディアンに必要なタメを学ぶことでしたから、基礎がわかればあとは自分で修行するだけ。昔のコメディアンは、みんなこうして自分なりのスタイルをつくっていったのです。

僕たちより古い世代のコメディアンで言うと、関西喜劇界の大スターだった藤山寛美さんが夕メの王者でした。女優の藤山直美さんのお父さんです。寛美さんの動きは歌舞伎にも通じますし、セリフの「間」も「タメ」も見事でした。寛美さんの芸は、世界に通じると思います。自分の国独特のものをちゃんと習得すると、それは世界に通じるワザになるのです。

ものまねで笑いの基礎を覚える

僕は今、なるべくコントや芝居や映画を観ないようにしています。そこで優れた表現に出会うと、知らず知らず影響を受けてしまうことがあるからです。自分では意識していないのに、ほかの人から見たら、「あれ、あの動きやしゃべり方はあの人に似ているぞ」ということになるかもしれない。これではプロフェッショナルとは言えませんから。

でも、修行を始めた最初の頃は、人のまねを即座にできるようになることを求められます。映画を見ては登場人物になりきって、舞台を見ては先輩と同じように言ってみる、動いてみる。これが基礎中の基礎なのです。

浅草の先輩たちは言葉でなにも教えてくれませんでしたが、芸達者が揃っていたので、それを観てまねするだけで十分学べました。「まねる」は「まねぶ」とも言うそうで、「学ぶ」と語源が同じ。新人コメディアンの頃、それを実感したものです。

ただし、コメディアンの場合は、いつまでもまねばかりしていてはいけない。一通りまねができるようになったら、自分の肌で感じた笑いを追求していく。まねをしている段階は単なる基礎づくりで、そのあと本格的な修行が始まるのです。

そうだ、ここで一つ告白しなくちゃ。基礎ができたらあとは自分で修行、と言いましたが、実は、僕には先輩のまねをそのまま自分のものにしてしまったことがあります。それは足を斜めに出していく走り方。これが「欽ちゃん走り」と評判になったのでなかなか言い出せなかったのですが、あの走りは先輩の東八郎さんのまねでした。東さんはものすご～くいい人でなにも言いませんでしたが、あの走りに名前をつけるなら、本当は「八ちゃん走り」なんです。

以上、告白おしまい。日常生活でも「まね」をしているうちに、それが自分のスタイルになったりしますよね。子供の頃は、先生でも親でも近所のおじさんでも、「この人いいな」と思ったらまねをしてみるといい。ただ長くそばにいるだけでも、話し方や雰囲気が似てくることもあります。年配の人だって遅くありません。自分のなにかを変えたいと思ったら、自分が尊敬する人の言葉でもしぐさでもまねてみるといいですよ。「悪には染まりやすい」という言葉がありますが、一人ひとりの人間って案外弱くて、もともと染まりやすいと思います。それだったら、「悪い人」より「いい人」に染まりましょうよ。

ピンポイントでまねする人はうまくなる

ものまねが苦手、という人には、コツを二つお伝えします。「いいな」と思う人を見つけたら、その人のなにがいいのか、自分はどこに惹かれるのか考えてみる。それが話し方だったらそれをまねる、手のしぐさだったらそれと同じしぐさをしてみる。全体をまねしようと思わず、ピンポイントでまねしていくと、だんだん二つ、三つは同時にまねができるようになります。

僕たちコメディアンの世界でも同じでした。先輩の芝居を観て、ただ「あの先輩、うまいな。まねしたい」と思う人は伸びません。まねがすぐうまくなる人は、こう思う。「あの先輩の足の運び、なんてきれいなんだろう」、あるいは「今のところ、『間』の取りかたがよかったので、笑いが二倍になったんだな」

まねをしたいポイントを具体的に見つけられる人は、すぐにまねがうまくなります。さらに言えば、相手が意識して習得したもの、工夫したところを瞬時に見抜いて、そこを集中的にまねしていく人が、やがて同世代のなかでぐんと伸びていくのです。

今も僕は、若い人を教えるとき、先輩たちがやる芝居やコントを見せて、「いいところ、まねしたいところを見つけた？」と聞いています。

明治座で上演した芝居の舞台稽古で、田中美佐子ちゃんがいい動きを見せてくれたことがありました。速足で一生懸命走って行くシーンなんですが、早く走っている割に袖に引っ込むまでかなり長く舞台上にいる。これは美佐子ちゃんが「足幅を極端に狭～くして走る」という工夫をした結果なんです。目ざとくそこに気づいて、「あの美佐子さんの走りを自分もモノにしたいです」という若手がいたら、間違いなくその人は伸びていきます。芝居に限らず、日常の場面でも同じです。「あの人、いいな」と思った人がどう動いたり喋ったりしているのか、具体的なポイントに気づくとまねが上手になります。

もう一つのコツは、しぐさをまねるとき、鏡を見ないこと。鏡って左右逆に映るから、まねがどの程度できているのかがわかりにくいんです。踊りを習うときも、向かい合ってお手本を示してくれる先生の動きをまねしようとすると、左右を入れ替えなくてはいけないからむずかしい。僕が日舞を習ったときはこのスタイルだったから、混乱しちゃってなかなかできませんでした。正面から見ないで、同じ向きで横から先生を見ながらまねればうまくいくんです。もしかしてあれは、長くお稽古させてたくさん月謝をとろうというお師匠さんの作戦だったのかもしれないな。

知っている人をまねするのに月謝はいりませんから、今日からでもやってみてください。鏡を使わずにまねしてみて、「なんかぎこちないな」と感じるうちは未完成。まねをしていることに違和感がなくなれば、完成に近づいていると思っていいですよ。

なんて偉そうに言っている僕は、まねに関してもかなり不器用で、先輩たちのまねをするのも、人の何倍も繰り返さないとうまくできませんでした。だけど、それがよかったのだと思っています。

器用な人はなんでもすぐにできてしまうから、よほど強い意志がないとそこから先の伸びがなくなってしまう。周りの人たちにちやほやもされますしね。その点、不器用な人はいつも怒られてばかりで、それでもめげずに「努力」することしかできない。もっとも僕の場合は、早くお金を稼げるようになって母親に楽をさせたいという気持ちでコメディアンになったので、悩む暇もめげる暇もなかったですけれどね。

これまでたくさんのコメディアンを見てきて、今は確信をもって言えます。不器用な人、失敗が多い人のほうが完成形が大きい。覚えるまでに時間がかかるし、自分に納得がいくまで繰り返すので、その分土台が大きくなるのかもしれませんね。

身近な人の「言葉」「しぐさ」を観察する

まねをするべき人を探すには、なんといっても日頃の観察力が大事です。日常生活は何気なく過ぎてしまいがちですが、一日一回でも立ち止まって、出会った人の言葉やしぐさを分解してみるクセをつけるといいですよ。

たとえば短い会話一つにしても、言い方は何通りもあるはずなのに、大半の場面では頭に浮かんだことをそのまま言うだけですよね。相手に喜んでもらったり、笑ったりしてもらうためには、もっと別の言い方があったかもしれません。でも、普段はそれを顧みることなく過ごしてしまう。

立ち止まって考えてほしいのはそこです。今あの人が使った言葉は一〇〇点満点で採点すれば何点ぐらいか、言い方は何点か。そこを普段から考えていると、大事な局面で一〇〇点に近い言葉を、頭がピピッと計算してくれるようになる。まあ、そのときには一〇〇点と思えても、その会話がのちのちどう転がっていくかは未知数なので、本当は一〇〇点なんてないのかもしれない。だけど、観察する力がつけば、確実に笑顔の多い会話ができるようになると思うんです。

人の観察にも、やっぱりコツがあります。それは横から観ること。対面で話しているときは、相手が話していることを聞きながら、つぎに自分が話すことを考えているので相手のことがちゃんと観察できません。だからほかの人同士が話しているのを横から観ているのがいいのです。

この人、以前はあまり人の目を見ずに話していたけれど、今は目を相手にしっかり合わせているな、自分が最初に会ったときより成長しているようだし、自信もでてきたみたいだ、とか。僕が最初に話したときは好印象だったけれど、年下の人と話すときは案外横柄な態度をとる人なんだな、とか。

さらに、あの人の丁寧なしゃべり方は、お母さんの影響じゃないかな、きっとしつけのしっかりした家で育ったのだろうなとか、見えないことも想像してみるといいと思います。

観察のコツは「前から見ない」

東洋劇場に入ったばかりの頃、見倣いの身で出番もなかった僕は、よく舞台袖で先輩のコントや演技を見ていました。横から、あるいは後ろから観察すると、人ってよくわかるんです。「斜めから見る」というと、「うがった見方」「ひねくれた見方」という意味もありますが、ときにはうがったりひねくれた見方も必要かもしれませんね。

いろいろな角度から人を観ていると、頭のなかにそれぞれのパターンが詰め込まれて、いつか自然に整理できるようになるんです。脳のなかに抽斗《ひきだし》をたくさんつくっておくといい、というのはこういうことなんじゃないかと、僕は思っています。

舞台の演出を行うようになってからも、僕は稽古を前から観ていません。普通の演出家さんたちは客席や舞台上で前から稽古を観ているようですが、僕はたいてい後ろから観ているんです。

「欽ちゃん、なんでいつも後ろから観ているんですか？」

何度もこう聞かれましたが、そのときはこう答えています。

「だって、前から観ていると恥ずかしくなって下を向いちゃうから、しっかり観られないの」

これは半分本音。自分が演じていなくても、照れちゃうんです。でも、もっと大事な理由は「そのほうがよく観察できるから」。後ろから観ていると、自分も一緒にやっている気持ちになるから、なにを間違えているか、どこを直したらいいかがわかりやすい。ときどきは僕も客席から舞台稽古を観ることがあります。それは全体のバランスを見るとき。これは普段の生活にも活かせますよね。自分が当事者で関わっていることは、自分の側からしかものごとが見えません。でもそんなとき、自分の位置を遠くして第三者的にその場を見直してみると、その場のバランスがわかったりしませんか？

舞台の演出ということで言えば、「間」を見るときは、舞台で実際に演じている人を観ることもしません。目に見えない場所で声だけ聴いてたほうがよくわかるからです。たとえば初日の舞台を裏で声だけ聴いて、終わったあと出演者に「あのさ、明日は今日の登場より二歩遅れて舞台に出てごらん。そのほうがウケるから」などと指示することがあります。

「えっ、舞台を観ていなかったのになんでわかるんですか？」と驚かれますが、観ていないからわかることってあるんです。出演者のセリフ、それに反応する客席の笑い声を身体全体がキャッチして、「あ、これは登場の『間』が悪かったので、笑いが少なくなったんだな」とか「ここは動きが間違っているから笑いにつながらなかったんだろう」と察することができる。

今まで「観ていないのになぜわかる？」という問いにはっきりした答えを返してきま

せんでしたが、あえて言えば、「四〇年以上も修行をしてきたから」。そうとしか言いようがありません。と言ったとたん、気の弱い僕は「今の言葉、自慢気だと思われるといやだな」と思ってしまいますが、でもこれは、僕だからできることではないんです。

どの仕事、どの業界でも日頃の観察をコツコツ行っている人は、一日で察する、一声でわかる、ということが必ずあるはずです。「観察」は観て察することですから、積み重ねればだれでも人間関係のバランスをはかれる人になれる、と僕は思っています。

スポーツで言うと、ゴルフコースを一緒に回るだけで人がよく観えます。四時間もプレーして昼食も同じテーブルを囲むので、わかりやすい人はその一日で人間性が丸見えになる。

そういえば、ゴルフをよくやっている頃に気がついたことがあります。グリーンに乗ったボールの位置にマークをつけるとき、ちょっぴり前、つまりカップに近い位置にマークする人が案外多かった。多分みんな無意識だと思いますが、ほんの五ミリぐらい前に置いちゃう。少しでもカップにボールを近づけたい心理が働くんでしょうね。

それに気づいてから、僕はゴルフをするとき、ボールマークを必ず一センチほど遠くに置くことを心がけていました。たった五ミリで「萩本欽一はセコい」と思われるのはいやだ、と思ったのでね。

そうしたら、それをちゃんと見ている人がいました。あるとき武田鉄矢さんが何かの番組にでて、「萩本欽一さんって、どんな人？」と聞かれたとき、「ゴルフボールのマークを一センチうしろに置く人」と言ったんです。なにかの世界で一流になる人って、やっぱりみんな人のことをよく観察しているんですね。

あなたはツッコミ？　それともボケ？

人を観察していると、笑いの世界でよく言う「ツッコミとボケ」という二つの役割が、普通の人にも当てはまるのがわかってきます。漫才やコントをやらない普通の人も、大きくわけると「ツッコミ」と「ボケ」の二タイプに分けることができるんですね。

そこで、自分がどっちのタイプなのか、普段つき合っている仲間や仕事の同僚はどうなのか、これをしっかり把握しておくと、人間関係を大きく崩さなくてすむような気がします。

人間にはいろいろな面がありますから、だれでもツッコミ、ボケ、両方の要素をもち合わせていると思います。だけど、どちらかと言えばツッコミがうまいタイプ、絶妙なボケができるタイプ、と分けることができる。上司がボケタイプなら、自分はツッコミ役に回れば、コミュニケーションもスムーズにいくことが多い。

ツッコミとボケにもさまざまなバリエーションがありますが、悪く言えば、ツッコミタイプは人の失敗や間違いに敏感に反応し、それを追及していきたい人。良く言えば、叱り上手の兄貴タイプです。

片やボケタイプは、悪く言えば、失敗や間違いを指摘されてもぜんぜん気づかない、あるいは反省しないタイプ。良く言えば、気づいても委縮せず、気にせず、自分の失敗や間違いを笑いに変えて反撃できるタイプです。

コメディの世界では、ツッコミとボケが攻守を巧みに展開して笑いをとっていきますが、これも、普段の生活に活かせると思います。まずは自分の性格や置かれた位置を考えて、ツッコミタイプかボケタイプかを考えてみましょう。

一つの例として、相手と勝負を争うゲームをするとき、「なにがなんでも勝ちたい！」

タイプと、「たとえ負けても楽しめればいい」というタイプに分かれると思います。もうお祭しのように、「勝ちたい！」タイプがツッコミタイプ。

僕もそうでした。小学校の高学年の頃、近所に住むガキ大将とメンコやベーゴマをやるとき、ガキ大将の機嫌を損ねるととばっちりを食うので、このとき「よいしょ」を覚えました。ガキ大将の言うことを「それ、いいですね〜」と、もちあげていじめられないようにしながら、心のなかで「勝負には勝ちたい！」といつも思っていました。かなり屈折した子供でしたが、最初からツッコミタイプではあったんですね。

相手と向き合って遊ぶゲームは、自分のタイプがわかると同時に、相手の性格やクセもわかります。トランプでもマージャンでも、長い時間一緒にやっていると、人柄がそのまま表れちゃう。その意味でゲームは人間観察に有効です。それにもう一つ、勝負勘を磨くこともできます。

勝負勘はある程度天性のものかもしれませんが、ゲームに強い人、うまい人を観察をしてやりかたをまねすれば、自分の勝負勘を磨くことができるのです。人のやりかただけでなく、そのゲーム独特の法則も考えるといい。勝負勘を磨いておくと、人生の節目に差しかかったとき、きっと冷静に勝ちをつかむ判断ができるようになります。

アルバイトは人間観察の最高の修行

ところで、さっき、基礎を教わったらあとは自分で修行と言いましたが、最近「修行」という言葉に親しみを感じている僕は、これまでの人生を「修行」という言葉でちょっと思い返してみました。そこで思ったのが、学生時代のアルバイトは最高の修行だったということ。

僕が小学校の高学年のとき家が貧乏になったので、アルバイトには生活がかかっていました。アルバイト先をクビになると困るので、生活がかかっていたわけです。だからいつも「失敗しちゃいけない」という怯《おび》えがあって、一生懸命取り組むしかありませんでした。必要に迫られて、与えられた役割に文句を言わず、コツコツ取り組むことを覚えたのです。貧乏とか怯えってマイナスな言葉だけど、それが修行にはすごく活きたのだと思います。

アルバイトにもいろいろ種類がありますが、人と直接関わる仕事に就くと、困ったときの対処法が身についたり、人を観る目ができるんです。僕は新聞配達、ビルの掃除、甘納豆屋さん、食堂などいろいろなアルバイトをしましたが、人を観るという意味では食堂でのアルバイト経験がずいぶん役に立ちました。

だって、食堂に入って座ったとたん、「水!」って怒鳴る人もいるのですから。でも、こういう人の存在がありがたかった。その人に出会ったあとは、お客さんが入ってきたら間髪を入れずに席までお水を運び、「お水をどうぞ」と言えるようになりました。人から笑顔をたくさんもらうためには、反面教師的な人との出会いも大事なのです。

その食堂にはツケで食べにくる近所の会社員もいて、そのツケをなかなか払ってもらえない。毎回四〇〇〇円ぐらいツケがたまったところで、店主からアルバイトの僕に声がかかります。

「欽ちゃん、悪いけど集金に行ってきて」

この食堂の経営者夫妻にはずいぶんよくしてもらっていたので、「はい〜!」といい返事をして掛け金を回収に行くのですが、その会社に行くと、必ずいやな言葉に出くわします。

ツケをためていたAさんはいつ訪ねてもたいてい留守でしたが、その同僚たちの対応もぞんざいでね。「Aさんいますか?」と聞いても、まともな答えが返ってきたためしがありません。

「知らないよ!」はまだいいほうで、「俺はあいつの番をしてるわけじゃないから!」という答えが返ってきます。「いや、今いないよ」という素直な答えは、ただの一度も返ってきません。

何日かあいだを置いてから行くと、前回と同じ人が「また来たの? 今、忙しいんだよ!」と、つっけんどんな答えをする。それでもめげずに、「いつ来たらいますか?」と聞くと、「なんで俺に聞くんだよ。あいつがいつ帰ってくるか、俺が知るわけないだろ!」という返答。

自分がお金を請求されているわけでもないのに、なんでこんなに冷たい対応しかできないんだろう。その会社に行くたびに僕はいやな思いをしましたが、帰り路にはこう思っていました。

僕が大人になったら、アルバイトをしている学生にやさしい言葉をかけられる人間になろう。もし僕があの会社の社員だったら、「また来たんだね。アルバイトなのに大変だな、あいつが戻ってきたら、店に行くように言っておいてやるよ」と言ってあげたいな……。

いやなことを「いや」なまま終わらせないで、自分だったらどうするか、どう言うか、自分への問題にすれば、どんなこともマイナスのまま終わらないのです。アルバイトをしている人は、その職場で一度や二度はいやなことを体験していると思います。アルバイトを見下す人に出会うこともあるかもしれません。年配の人が生活の足しにアルバイトを始めたら、自分の子供より若い人に怒鳴られっぱなし。そんな話も聞いたことがあります。

でも、これをぜひ覚えておいてください。自分より弱い立場の相手に怒鳴ったり、暴力をふるう人間は、気の弱い人なんです。自分の怯える気持ちを隠そうとして、虚勢を張っているタイプが多い。

僕も相当怯えるタイプの人間ですけれど、学生時代のアルバイトを通じて虚勢を張る人たちに出会ったおかげで、自分はそうならずにすんだ気がします。人を観ることとって、自分に必ず返ってくる。だからアルバイトは修行のチャンスなんです。

「普通」ってなんだ？　と考えてみる

さて、「声の出し方」や、「間」、「タメ」を覚える、「まねをする」など、笑いの基礎ができたら、次の段階は「普通を覚える」です。

えっ、普通って覚えるもの？　という声が聞こえてきそうですが、そう、「普通」をちゃんと覚えたほうがいいの。自分のことを「ごく普通の人間」と思っている人も多いでしょうけど、普通っていったいなんなのか、もう一回考えてみたほうがいい。

自分が今やっていること、サラリーマンならサラリーマン、学生なら学生の本分はなにか、それを考えて一生懸命普通にやることが大事だと、僕は思います。まず自分が日常生活でひたすら「普通」を追求してみないと、ほかの人を観察するときの基準も甘くなるんじゃないかな。

東洋劇場の新人時代、僕はまじめに、地道に、見倣いコメディアンとして「普通」を追求していたと思います。その当時東洋劇場に通っていた人たちに話を聞いても、「新人コメディアン萩本欽一」を覚えている人は一人もいない。それほど目立たない存在だったんですね。

もちろん、普通で笑いをとることはできません。特別な動きをやるわけでもなく、まさに普通をやっているんですから。でも、一回だけウケるために普通じゃないことをやって失敗したことがあります。

まだ新米の僕におばあちゃんの役が回ってきたので、以前先輩がやっていたことをまねしてみたんです。ピョ〜ン、ピョ〜ンと跳びながら舞台に出て行く。

舞台が終わって袖に引っ込んだとたん、その先輩に首根っ子をつかまれました。

「このヤロ〜！　ばあさんは跳ばねえ〜んだよ！」

先輩はそういいながら僕を窓の前まで引っ張って行き、僕の頭を窓の外にグッと押し出したんです。

「いいか、ばあさんが通るのをこっから見てろ。跳んでるばあさんがいたら俺に言え！」

僕はわけがわからないまま、言われた通りしばらく窓から外を観ていました。心のなかはぜんぜん納得していません。その先輩がやっていた通りのことをやったらこっぴどく怒鳴られて、「ばあさんを見てろ！」と言われた。

先輩は自分のマネをされたから怒ったのかな、それともここにはある程度の年齢にならないと跳んじゃいけない決まりでもあるのかな……そんなことを考えながら、三〇分ぐらいず〜っと窓の外を見ていると、先輩が戻ってきました。

「どうだ？　ばあさんは通ったか？」

「はい、四人通りました」

「跳んでたか？」

「いえ、跳んでませんね」

「そうだろ、ばあさんは跳ばないんだよ！」

その場はこれで収まったのですが、数日経ったとき、ハッと気づきました。先輩が演じていたおばあさんが跳んだのには、理由があったのです。舞台上でバナナの皮を踏んだおばあさんはステンと転び、着物の裾が開いてしまったのが恥ずかしくて、跳びながら舞台袖に消えたのでした。

その跳ぶシーンが印象的だったので、僕はそこだけまねをしてしまった。つまり、

「おばあさんは跳ばない」という「普通」を忘れて、ウケだけを狙ってしまったんです。

　コメディアンの基礎がようやくできた時期に、うまい先輩のいいところだけまねをしたなんて、今思い出しても恥ずかしい。車の運転も慣れた頃に事故を起こしやすいと言われますが、なにごとも同じなんですね。

　まずは普通のことを知って、普通がしっかりできるようにならないと、それ以上のこと、つまり普通じゃないことはできない。失敗した僕が言うのもナンですが、これも覚えておいてくださいね。

第二章

失敗を笑いに変える方法

失敗こそが笑いのチャンス

ここからは一章で説明したことの実践編です。

笑いにはいくつも種類があると言いましたが、日常生活のなかでは「失敗」の笑いがいちばん多いと思います。ちょっとした失敗って、したほうも見たほうもバツが悪いから、笑ってすませちゃう。人生の知恵、人間関係の潤滑油ですね。

今までの人生で一度も失敗をしたことのない人なんて、多分いないと思います。だって失敗のタネは、日常のあちらこちらに転がっていますから。試しに失敗する条件をあげてみましょうか。

うまくやろうとして失敗する／緊張して失敗する／安心し過ぎて失敗する／震えて失敗する／焦って失敗する／腹が立って失敗する／転んで失敗する／準備不足で失敗する／人に邪魔されて失敗する／寝坊して失敗する／勘違いして失敗する／生まれたときからすでに失敗していた

キリがないのでこのくらいにしますが、以前、失敗の条件を帳面に書き並べてみたら、一六七個もありました。つまりね、失敗するって簡単なんですよ。

笑いのプロたちも、失敗をよくネタにします。コント55号も例外ではありません。プロのコントのつくり方についてはまたあとで説明することにして、ここでは日常の失敗をどう笑いにつなげるかを考えてみましょう。

まず大切なのは、嘘をついたりごまかしたりして切り抜けようとしないこと。

嘘やごまかしは、笑いからもっとも遠い行為です。笑いのためだけでなく、嘘はクセになるから気をつけないといけません。つまり嘘をつくと、それを正当化するためにまた嘘を重ねなくてはならなくなって、「まずい！」と気づく頃には本当の嘘つきになっています。ごまかしもどうせバレるので、姑息《こそく》なことはしないほうがいいんです。

じゃあ、どうやって切り抜けるかというと、自分の失敗を潔く認めて、自分を茶化す。自分で自分を笑っちゃえばいい。

ちょっとした失敗や間違えをしたときのために、「間抜けでしょう?」というフレーズを覚えておくと便利ですよ。相手が自分に対して思っている感想を、自分から先に言ってしまうと、相手は笑ってくれます。

目の前で誰かが失敗したとき、笑ったら悪い、という気持ちが働いて、笑いを押し殺していた――そんな経験、ありませんか？　人間って、予定調和が崩れると笑いたくなるんです。わかりきった結果がやってこないと緊張して、その緊張をほぐすために笑いたくなる。そんな仕組みなのか、目の前で人の失敗を見ると、プッと吹きたくなってしまう。

でも、普通の場合、人は失敗した本人を傷つけたくないから我慢しています。そこへ本人が「間抜けでしょう？」と言うのですから、安心して笑えますよね。「間抜けでしょう？」は、相手の気持ちに寄り添った言葉なんです。

もっともこれは、失敗が軽〜い場合で、なおかつ他人に迷惑をかけていないときしか通用しません。相手に傷や損害を与えるような失敗をしたときは、笑いにつなげる余裕はないですよね。でも、だれでも一生に一度くらい、大きな失敗をするかもしれません。

はい、僕もしました。何度も話したり、ほかの本にも書いたことですが、テレビに出始めた頃、生放送のコマーシャルを任されて、一九回も失敗しちゃいました。たいして長いセリフじゃないんです。でも一度間違えたら頭が真っ白になって、もうセリフがわからない。当然、コマーシャルのスポンサーさんには、大変な迷惑をかける結果になってしまった。

その失敗で、僕は一度テレビから追われ、数カ月のあいだ、熱海のホテルで司会の仕事をしていました。それが終わって浅草の下宿に戻った日、電話をかけてきたのがコメディアン仲間の坂上二郎さんでした。僕らは連絡をとり合うような仲ではなかったのですが、その日たまたまマージャン相手を探していた二郎さんが電話してきたんです。

マージャンをしながら互いの境遇を話し合って、「一緒にやってみようか」と言ったのがコント55号の結成につながりました。あのタイミングを思い返すと、運命としか思えません。僕はだれかとコンビを組むつもりなんて、まったくありませんでしたから。ましてや二郎さんは、「この人とは絶対に組みたくない」と思っていた相手だったんです。それについてはまたあとで書きますが、あのテレビでの大失敗があったからこそ、二郎さんとの縁がつながり、生涯の相棒に恵まれた。そう思っています。

失敗は成功のもと。災い転じて福となす。不運は未来の運を呼ぶ。だから、笑えない失敗をしても、心のなかでは笑顔をつくって成功のチャンスを待っていてください。

ダジャレは、コメディアンから一般人への贈り物

「ダジャレと下ネタは言うな」

これが浅草コメディアンの鉄則でした。いや、浅草に限らず、プロのコメディアンたるもの、ダジャレと下ネタはご法度。僕が新米コメディアンだった頃、これが暗黙の掟だった気がします。

ただし、プロのコメディアンのなかにも、ダジャレや下ネタが好きな人はいました。舞台でもときどきでてしまう。ある先輩がダジャレを飛ばしたあとで、「いっけね〜、シロウトに戻っちゃったよ！」と、自分でツッコミを入れている場面を見たことがあります。ダジャレや下ネタが好きな人も、プロなら使ってはいけない、と自覚していたのですね。

僕の師匠の一人、東八郎さんは、極端にダジャレ、下ネタを嫌っていました。「オレはゼッタイに使わない」と僕に言っていましたし、舞台で共演しているコメディアンがうっかりダジャレを言うと、本気のツッコミを入れていました。その見事なワザは最後

の章でまたお話ししますが、尊敬する師匠が嫌っているダジャレと下ネタには、僕も一切近づかないようにしていました。

さて、ではなぜプロのコメディアンはダジャレと下ネタを使ってはいけないのか、わかりますか？　僕もその答えをはっきり聞いたことはありませんが、恐らく単純な理由なんじゃないかな。

つまり、ダジャレと下ネタを繰り出せば、シロウトでも人を笑わせることができるから。ダジャレの場合は、それがくだらなくても「くっだらないな〜」という笑いを呼ぶことができる。下ネタは男ならだれでもニヤッとしてしまうし、女の人も照れ隠しに笑ってしまう。

ダジャレは仲のいい人が集まったときや、緊張をほぐしたいときに使うと有効ですよね。だから普通の人はどんどん使っていい、と僕は思っています。言い換えれば、ダジャレはプロのコメディアンから一般の人へのプレゼントですから、どうぞお使いください。

でも、下ネタは使い方によってひどく下品になるし、女性がいる場で使うと「セクハラ」で訴えられる可能性だってあるので、気をつけましょう。

ダジャレも、あまり頻発するのは避けたほうがいい気がします。いつもうまいダジャレを言う人は、笑いのセンスがある証拠ですから、できるだけ早くダジャレの笑いからもう一歩進んだ笑いを探してほしいなと思います。

言葉の切れがいい、悪いは語尾で決まる

言葉には「切れのいい言葉」と「切れの悪い言葉」があります。あの人の言葉遣いって、聞いていて気持ちがいいな――周囲にそう思う人がいたら、その人は「切れのいい言葉」を自然と選んで使っているんじゃないかな。

なにが切れの「いい」、「悪い」を分けるかというと、語尾です。「か行」、「た行」、「ら行」のいずれかで終わると、切れのいい言葉になります。

「なんてことをしてくれた！」「取り返しがつくと思うか！」「さっさと先方に詫びろ！」ねっ、歯切れがいいでしょ。こう言われたら、弁解の余地なし。でも、ある意味さばさばして、あとくされのない叱り方ですよね。

反対に切れが悪いのは「さ行」、「な行」、「や行」、「わ行」で終わる言い回し。「なんてことをしてくれたんだよ」「取り返しがつかないかもしれないね」「早く謝らなくちゃ」

意味は同じでも、切れが悪いでしょ。でも、響きとしてはやわらかい。コントのオチには、切れのいいほうを使いますが、日常の言葉としては、切れが悪い方がやさしい響きになります。

歯切れのいい「か、た、ら行」、歯切れの悪い「さ、な、や、わ行」、これを頭に入れておくと、心のうちをより正確に伝えられます。相手の言葉の裏にある本当の気持ちを読みとることも、今よりもっとできるようになるんじゃないかな。

「ワタシ、会社辞めることにしました」

もし部下が歯切れのいい語尾でこう言ってきたら、もう決意は固そうです。そんなときはぐだぐだ引きとめるより、気分よく認めてあげたほうがいい。

「そうか、わかった！」

では、これだったら？

「わたし、仕事を辞めることにしたんです」

語尾がさ行だと、どこかにまだ迷いがあるような気がするので、こっちも歯切れの悪い語尾で会話をつづけたほうがいい。

「辞めるって、なにか不満でもあるのかな？　一度ゆっくり話を聞かせてよ」

という具合です。ただし、本当にこういう場面に出くわしたときは、言葉を返す前にちょっと考えてみることが大切です。部下が語尾の法則を知らず、やめたくないのに歯切れのいい語尾を選んでいる可能性もあります。深刻な話の場合は語尾だけでなく、相手の顔や声のトーン、それにもちろん日頃の態度なども考慮して判断してください、ね。

スピーチのコツは「失敗を笑いに変える」

僕は多くの人の前で話すのが苦手で、講演のような仕事はお断りしているんです。後輩の結婚式などで、「お祝いのスピーチ」を頼まれることはありますが、いまだにアガりそうになります。

「どうしたら人前でアガらずにスピーチできますか？」

ときどきこう聞かれますが、僕の方が知りたいですよ。ただ、自分の体験から言えることはあります。

アガってしまう人は、「間違えるんじゃないか……」という怯えや恐れがあるから、よけいに緊張してワケがわからなくなる。きっとうまくできる、いや、間違えても大丈夫、と思っていれば、極度にアガることは避けられます。

さきほど説明したように、失敗は笑いのチャンス。笑われたら自分も自分を笑ってしまえばいいだけです。そう考えても緊張がやわらがないときは、こう考えましょう。普段はこんなに緊張する場面がないから、今日は自分にとってもハレの舞台なんだな、と。マイナスな想像が頭に浮かんだら、それをどこかに棚上げして、思考を前向きに変えることが大事です。

僕の場合、かしこまった席で話すとき、最初はセリフを全部紙に書いていていました。それを一字一句覚えてしゃべる。長いスピーチの場合は書いたものを読めばいいや、と思っていたのです。だけど、僕にとってこの方法は最悪でした。

仕事でも私生活でもアドリブだけで暮らしてきたのに、紙に書いたセリフを覚えられるわけがない。書いたものを読む場合でも、朗読というものに慣れていないから、必ず途中でつかえちゃう。一度つかえると、書いた文字も読めなくなって、もう修正がききません。この先はアドリブで乗り切ろうと思っても、「てにをは」さえ混乱して、支離滅裂になってしまいます。

こんな失敗を何度かくり返して、気がつきました。書いたものを読むのって、あんまり得策ではありません。人のスピーチを聴いていても、間違えずに淡々と原稿を読んでいるだけでは、いくら内容がよくても人の心に響かないのです。

「ねえ～」の一言が笑いを誘う

スピーチでは「失敗も華」。そう割り切って、その場で感じたことを素直に言葉にするのがいちばんだと思います。ただ、失敗の対策だけは考えておいたほうがいいかもしれません。

たとえば、途中で言うことを忘れて長い「間」があくと、みんなが一斉に注目しますよね。そのとき「え～」とか「あ～」とか「う～」とか言いながら思い出そうとする人が大半ですが、あれは聞いているほうが困ります。

つかえたときは、一瞬の「間」を置いたあと、「ねえ〜」って、しり上がりのイントネーションで言うと、一発で場がなごむんです。

スピーチの内容を忘れたときや、人の名前がでないときは、ぜひ「ねえ〜」で乗り切ってください。

とくにスピーチの主が社長さんとか部長さんなど偉い人の場合、一カ所でもくだけた言葉を使うと、聴いている人に親近感を与えます。偉い人が立派な話をしても、聴いている人の心にはたいして残らない。スピーチで人をひきつけるのは、肩書とのギャップが大きい内容や言い方なんです。

「素敵な花嫁さんを射止めた山田君には、今後大きな飛躍を期待して……。あれっ、そう言えば私も自分の結婚式で同じことを当時の社長に言われたけれど、今まで忘れていました。山田君も私のスピーチなんか覚えていなくていいぞ！」

このぐらい言えたら、相当社員から好かれる社長さんになれると思います。

そうそう、最後にこれも頭に入れておくといいですよ。スピーチでアガる原因の一つに、床を見ながらマイクの前に歩いて行くことがあります。話すことを忘れちゃいけないとか、大勢の人の顔を見るとよけいに緊張しちゃうと思って、たいていの人はうつむき加減で登場するんです。

出てくる人が下を向いていると、会場の空気が重くなりますよね。これだと最初から面白い話ができたとしても、重くなった会場の空気を軽くするまで時間がかかってしまいます。これって、ぜったいに損。

と言っている僕も、舞台に立つようになってから、床を見ないで登場できるようになるまで、三カ月ぐらいかかりました。みなさんも最初は恥ずかしいかもしれないけれど、堂々と顔を上げてマイクの前に出ていくことは「大前提」と覚えておいてください。

目を見合わせれば人は笑う

人って、目を見合わせると笑っちゃう動物です。日本人だけじゃなく、全世界、全人類共通なんじゃないかな。それに、笑っている人を見ると、自分も笑っちゃう。あくびも移るけれど、笑いも移るんです。

この一点だけで、人間っていいなぁ、と僕は思います。ほかの動物は、頬笑み合ったり、相手を笑わせたりしないでしょ。笑いで空気をやわらげたり、お互いの関係性をよくすることって、人間だけができる素敵な行為ですよね。

劇場で人を笑わせるとき、コメディアンもこの「目を見合わせると笑っちゃう」性質を利用します。どうするかというと、いちばん笑いそうな人の目を見て、まずその人を笑わせる。そうすると、笑いが連鎖していくんです。

僕たちの世界では、これを「池に石を投げる」と表現していました。劇場の客席を「池」と呼び、コメディアンの仕事はそこに「笑い」という石を投げることだ、と先輩から聞いたことがあります。

池の様子は決して一定しません。僕が登場したとき、すでに劇場全体が大きな池になっていて、どこに小石を投げ込んでも大波紋が生まれることもあれば、客席のごく一部にしか池が存在しないこともあります。

小さな池しかないとき、どうやってそれを見つけるか。これは意外と簡単なんです。池に波紋を起こす役割をしてくれる人、つまり笑い上手な人は、たいてい前のほうに座っています。そして、ちょっと前のめりになって舞台を見つめている。

目の前で起きていることに関心があるとき、人は自然と前のめりになります。そんな人を見つけたら、目を合わせて面白いことを言えば、必ず笑ってくれます。その笑いが隣の人に移り、そのまた隣の人に移り、笑いが徐々に劇場全体に広がっていく。「池と石」とは言い得て妙ですよね。

テレビの世界にも、池はありました。一緒に番組をつくっていく過程で、ものすごく笑ってくれるディレクターがいたのです。浅草から汚いかっこでやってきたコント55号がテレビに出始めた頃、「きれいな服を着ろ」「丁寧な言葉を使え」とおっかさんのように育ててくれた、フジテレビの常田久仁子《ときたくにこ》さん。その後もコント55号の番組を数多く担当してくれて、「スポンサーがいなければ番組はできないのよ」などなど社会の仕組みや常識も教えてくれました。常田さんは、間違いなく僕の人生を変えた人です。

初めて出会ったとき、ドキュメンタリー番組から笑いの番組担当になったばかりの常田さんは「私には笑いはわからないから」と言っていましたが、僕らが稽古をしているとそばで思いっきり笑っている。これまで大勢のディレクターと仕事をしてきましたが、稽古の段階から笑ってくれたのは常田さんだけです。

　ほかの人は笑ってくれるどころか、むずかしい顔をして稽古を見ていました。わざと笑いを封印して、冷静にコント55号の稽古を眺めよう、という意味もあったのかもしれません。でも、僕たちとしては、本当におかしそうに笑ってくれる常田さんの存在が有り難かったですね。目の前にそんな人がいると、安心感が広がります。ましてやテレビに不慣れだった僕たちは、番組のディレクターに受けてもらって、ずいぶん勇気づけられました。

　自分の話を前のめりで聴いてくれる人は、人生のなかでたくさんは出会えないかもしれません。でも、注意して周りを探してみれば、一人は必ずいると思います。そんな人を見つけたら、目を合わせ、ユーモアを交えて話せば、その人だけでなく周りの人間関係がもっとよくなります。

返事一つで相手の頬をゆるませる

「ねえ、このゴミ捨ててきて」

毎日、日本中で何百人もの旦那さんがこう言われているんじゃないでしょうか？　いや、何千人、何万人かもしれませんね。気が進まないことを頼まれたときって、答えに気をつけないと、ケンカのもとになってしまいます。

「ゴミ捨ててきて」という命令形の言い方がそもそもよくない、という意見も多いことでしょう。でも、家庭のなかの言葉って、気分のいい言葉ばかりじゃありませんよね。遠慮がない分、言葉に気遣いをしなくなる。どんなに仲のいい夫婦やカップルでも、長く一緒にいるとロマンティックな気分はどんどん奥にしまわれて、言葉がぞんざいになってきます。それに気がついたとき、どう対応していくかが大事です。

「え〜っ、俺がゴミ捨てに行くの？　それは君の仕事じゃないの？」

なんて返事をすると、二人の関係にかすかなヒビが入ります。最初は目に見えないこのヒビも、回数が重なると亀裂が大きくなって、気がついたときには取り返しがつかないところまで壊れている。こんなことがあるので、日頃の言葉や行動って侮《あなど》れないんです。

「今日、どこかに連れて行ってよ」

日曜日のたびにこう言われ、毎回「ああ……」とか「今度な」と返事していて、とうとう離婚した夫婦もいます。

「ああ、いいよ！」

なにか頼まれたら、少しぐらい意に沿わないことでも、こう返すのが平均点。これなら家庭内で戦いは起こりません。さらに、返事とほぼ同時に立ち上がって、さっと実行すると、行動点がプラスされて一〇〇点になる。

その代わり、逆パターンはかえってマイナスになります。「いいよ」と言いながらいつまでも新聞を読んでいたり、ゴミの袋をいかにもいやそうに持ったりすると、行動は〇点だし、言葉点も引かれていく。言葉と動きは、いつもセットで相手の印象に残るのです。

そのことを意識して、少なくとも返事のパターンをいくつか考えておくといい。できれば言葉に笑いをまぶす方法を覚えましょう。

単に「いいよ」だけだと、やりたくない気持が少し見えてしまうので、「いいよ、いいよ、いいよ！」と言葉を重ねる。あるいは、言葉を替えて「ほいきた！」とか「オウッ！」と言えば、相手も思わずニコッとするんじゃないかな。

「いいよ」はただ「ＯＫ」という返事ですが、「ほいきた！」とか「オウッ」には、「喜んでやるよ！　頼んでくれてありがとう」という感想も含まれています。だから相手を笑顔にできる。人って言葉そのものの意味より、そこに含まれている「感想」で相手を好きになったり嫌いになったりするんですよね。

感想を言葉に込めるのがむずかしかったら、直球で「喜んで！」と返事をするのもいいかもしれません。日常生活では、このぐらいのささやかな笑いがあれば、十分合格点じゃないかな。

褒め言葉で人を笑顔にさせる

人を褒める。これもやさしいようでやっかいです。大げさに褒めると変に疑われたり、甘く見られますし、タイミングを間違えると効果が半減してしまう。

ではここで例題です。手作りの食事がとても美味しかったとき、いつ、どんな言葉で料理を褒めます？

何口か食べたとき、食べ終わったとき、食べ終わってお茶を飲んでいるとき、次の食事のとき……。考え始めると、タイミングって数限りなく思い浮かびますよね。ＴＰＯ（時と場所と機会）という言葉、最近聞かれなくなりましたが、「笑い」にもＴＰＯがとっても大事なんです。

食べ終わった瞬間に「おいしかったよ！」と言うのは、あまり上等じゃない気がします。食べ終わったあと、立ち上がって「うまい！」と言えば、少しよくなる。立ち上がってから、少し前かがみになって「うまかったよ」と言えばもっといい。

でも、これがわざとらしく見えると逆効果を生みます。もしかして、これは小遣いをもっと上げろと言っているのかも、と勘繰られる。または、今度の日曜日はまたゴルフに行こうとしているな、とか。僕が思うには、女の人ってわざとらしさを嗅ぎつけると、ぜったい笑ってくれません。だから褒めるのってむずかしいんです。

僕がやってみたいのはこんな方法。食べたとき、お皿をチョンチョンと箸で叩きながら「うまい！」と言う。こうすると、「この炒め物、ほんとにうまいね」と意味が強調されます。動きをうまく取り入れるのがミソです。

食べたあと、口をちょっとふいてから、「うまいね」と言うのもいい。うまいと感じたのは口だから、そこに近いところに動きをつける。これが「うまい」という言葉に実感をプラスします。

もう一つお勧めしたいのは、食べ終えて思わず感想をもらしちゃった、という風にポソッと「うまい……」と言う方法。そうすると、多分奥さんはなにが美味しかったか聞いてきます。「炒め物？」と聞かれた場合、もし違っても「そう！」と言ってあげましょう。これで奥さんの喜びは二倍になり、きっと笑顔も見られます。

「炒め物？」の問いに、「ううん、揚げ物」などと違うものを答えると角が立ちます。奥さんが「炒め物？」と聞いたのは、それがいちばん自信があったからでしょう。だからそれを拒否してほかのものを褒められると、うれしさがだいぶ減ってしまうんです。

もし奥さんが「えっ、美味しかった？　どれが？」と聞いてきたら、すかさず「これ」ってなにか一つを指さすのがいい。そのあと、チョン、チョン、チョンとほかのお皿も指さすと、「全部美味しかったよ」という意味になって喜ばれます。

ただし、最初からこれとこれとこれとって、全部お皿をこんこん叩くと完全に嘘くさい。わざとらしい褒め方をして墓穴を掘らないよう、くれぐれも気をつけてくださいね。

「詫び」より「笑い」で全面降伏

「お父さん、また水を出しっぱなしで歯を磨いてる！」

「靴下を脱いだら、すぐに洗濯機に入れておいてよね！」

「爪切りを使ったら、ちゃんと元のところへしまってよ！」

日常生活って、ちょっとしたことでよく注意されますよね。こんなとき、すぐ謝っていますか？　僕は謝っていません。だって、「ごめんなさい」ですませようとすると、被害が大きくなるんです。

「あなたって、いつもごめんですまそうとするわね。この前だって…」

という具合に、今注意されたことのほかに、以前のことまで持ち出されたりします。だから「ごめんなさい」は言わないようにしていました。実はうち、奥さんも「ごめんなさい」を言いません。

「あのさ、そこ、早く片づけたほうがいいんじゃない？」

たとえば僕がこう言っても、「ごめんね」とか「そうね」という答えは返ってこない。なぜ今に至ってもそこを片づけていないのか、という理由を述べる人なんです。それをまた僕がなにか言ったら、ケンカになってしまう。ケンカって無駄な時間でしょ。だから僕、家のなかでは文句はもちろん、前向きな意見も言わないようにしています。

そう言えばうちの奥さん、「ありがとう」も長いあいだ言いませんでした。それが二年前ぐらいかな、子供のことを話しているとき、「ありがとう」って初めて言ったんです。びっくりして、「あれ、ありがとうって、結婚してから初めて聞いたね」と言ったら、「あ、そう? ありがとうって私、今まで言わなかった?」だって。

そのあと、あれは一年ぐらい前だったかな。奥さんが「ごめんね」って言ったんです。これにも驚きました。なんで「ごめんね」と言ったのか、その理由も忘れてしまったぐらい感動しちゃいました。

「ごめんねって、珍しいね」と言うと、「えっ? 私、言ってなかった?」と、奥さんは不思議そうにしていました。「ありがとう」と「ごめんなさい」を言わなかったこと、本人はまったく意識していなかったようです。でも、初めて言われた僕はすごくうれしかった。だから、「ありがとう」も「ごめんなさい」も、普段は封印して、本当に大事な場面で使えばいいのかもしれませんね。

僕と奥さんが結婚以来一度もケンカしなかったのは、お互いに細かいことを指摘しなかったからじゃないかな。「ごめんなさい」と「ありがとう」は、家庭のなかでは言わなくてもいいのかもしれません。

でもたま〜に、どうしても詫びなければならない状況に直面することもありますよね。たとえば部下を連れて飲みに行ったら気が大きくなって、給料の半分ぐらい一晩で使っちゃった、というようなとき。一〇〇パーセント自分が悪いときは、全面降伏するしかありません。

全面降伏するときは、ワザを使ったほうがいいんです。いちばんいいのは、コント55号で僕とコンビを組んでいた坂上二郎さんのワザを借用すること。二郎さん、追い詰められると「ヒヒヒッ」と笑いながらしゃべるので、そばにいる人はみんな笑っちゃいます。それをまねて、笑いながら謝る……いや、これはかなり高等なワザなので、できるようになるまでは相当の修行が必要です。

一般の人が使えるワザとしては、相手が非難するのをひたすら黙って聞いて、最後に「だよね！」とか「ですよねえ〜」と言うぐらいしかないかもしれませんね。そのとき、「だよね！」は普段よりワンオクターブ高い声で言うのがいい。「アチッ」とか「イテッ」と言うとき、思わず声が高くなるでしょ。あのトーンで言うのです。

それと、一方的に叱られるときは、早く相手の言葉を止めるほうがいい。「ズバリ正解だね！」「ずっぷし、どまんなか！」なんて言うと、向こうもばかばかしくなって笑っちゃうかもしれません。

ただし、あくまでこれは提案です。そのまま使って事態を悪化させても当方は責任を負えません。ですよねえ〜。

人のミスや勘違いを否定しない

最近はネット上で人の悪口を書く人が多いんですってね。「本音を言うのがいい」という風潮らしいけれど、世の中にやさしさと笑いをあふれさせるためには、建て前も必要なんです。

僕の場合、人を批判する言葉は口に出しません。いい人？　いやいや、心のなかでは相当批判的な言葉も渦巻いていますよ。でも、それは心にしまっておく。みなさんもそういう習慣をつけておくといいと思います。そうでないと、大事な局面でつまらない本音しか言えなくなってしまうので、普段から気をつけていたほうがいいの。

自分の発言がもとで、大事な仕事や地位を失う人が最近多いですね。あれは「失言」じゃなく、「本音」を言ってしまったのだと思います。今は「本音」のレベルが低下している社会なのかもしれません。

芸能界で言うと、よくこんな発言が聞こえてきます。

「週刊誌にでたらめを書かれた！」

たしかにでたらめもあるんです。僕も何度かやられました。いちばん驚いたのは、スポーツ紙の一面に載ったこんな見出し。

「欽ちゃん　参院選出馬⁉」

まさかね。僕をよく知っている人なら、「ありえない」とすぐ気づきます。でも、あのときはかなりの数の人に言われました。

「出るんですってね！」

記事を信じた人たちには、「うん、まあ、考えてるところで……」と僕は答えていました。出馬をする気など微塵もありませんでしたが、懸命に否定したり、新聞に猛抗議したところで、出てしまったものは撤回できません。書いた記者はあとで謝っていましたが、彼も仕事でやったことですしね。

それにこの記事、根も葉もないところから出たわけでもなかったの。あれはちょうど僕が茨城ゴールデンゴールズの監督になった頃、食事の席でこう言ったことがありました。「日本野球連盟の規約が厳しいので、参議院議員にでもなって自分で規則を変えないどうにもならない」

これを聞いていた記者さんが、「欽ちゃん　参院選出馬⁉」と書いてしまった。たしか本当の見出しは「出馬⁉」なんですが、二つ折りにしてお店に置かれている新聞は上の部分しか見えなくて、「欽ちゃん出馬」としか読めません。うまいやり方ですよね。

こういうのって、文句を言うより笑っちゃうほうがいいんです。コメディアンにとって、スポーツ新聞の記者さんとは持ちつ持たれつ。そんな関係の記者さんを「嘘つき！」

と糾弾しなくても、僕が出馬表明をしなければ、それで消えていく話ですから。

自分ではよく覚えていないのですが、僕は子供の頃から文句を言ったり言い返すことが少ない子供だったようです。

中学時代、僕はよく机の上で漫画を広げていて、「早く宿題やりなさい！」と言われるたび、「わかった」と素直に言っていたらしい。弟によると、僕は漫画の下にいつも宿題を置いていたから、普通なら「今、宿題やろうと思ってたんだよ」と言いそうなのに、「欽一兄ちゃんは決して言い返さなかった」と弟は記憶しています。

そう言われてみれば、たしかに子供の頃から、「相手が間違っていても反撃をするのはよそう」と僕は思ってはいました。これは間違いなく、夢中になって読んでいた伝記の影響。のちに偉くなる人物は、どんなに貧しくても、いじめられても、非難されても決して文句を言わない。相手が間違っていても、自分の正当性を主張しない。小学校のとき何冊か伝記を読んで、こんな共通点を見つけたんです。

だから僕も同じようにしていれば、いつか「あの人は子供の頃から人間ができていたよ」と語り継がれる人になれるんじゃないか。僕は本気でそう思っていました。だけど、小さいときのことを見ていて褒めてくれる人が実の弟一人なんて、やっぱり僕、たいした人物じゃありませんね。

「弱い者」「負けた側」の立場に立つ

「人間はみんな平等」

そう言われますが、実際は平等なんかじゃないですよね。学校に入ったとたん、勉強で順位をつけられます。本当に全員平等にしたいなら、それぞれが得意なことで、一度はみんな「一等賞」にしてあげたらいいのに。運動が得意な子、ゲームが得意な子、虫捕りが得意な子、ギャグが得意な子、アニメに詳しい子……。

以前、NHKの『課外授業　ようこそ先輩』で母校の小学校に出向き、授業をしたことがありました。テーマはちょっと変わっていて、「見つかるような嘘を考える」。

「みんな、嘘をついたら泥棒になるぞ。でも、今日はすぐに見つかるような面白い嘘を考えてみよう。学校に遅刻したとき、どんな嘘で言い訳する？」

こう聞いたら元気よく手を挙げて、「うちの前にキリンがいました！」と言った男の子がいた。それがウケると、この子は面白い嘘をたくさん考えて、授業中ずう〜っと手を挙げていました。授業が終わって僕が帰ろうとしたら、僕のところに駆け寄ってきて、「帰っちゃやだ〜」と泣くんです。かわいかったな。

そのあと、クラス担任の先生からお手紙をいただきました。僕の課外授業でずっと手を挙げていた男の子、それまでクラスで一度も発言をしたことがなかったそうです。学校で教える勉強ではなく、笑いの要素がある授業を待っていたんだね。もしあの日、僕の授業で「これなら自分が一等賞だ」と感じてくれていたらうれしいな。

トップになる体験って、人を育てるんです。自信がつくし、自分よりできない人をかばう、助けることも学べると思います。できれば一人ひとりに合わせた特別授業を一時間ずつでもつくって、小学校を卒業するまでに、子供たち全員に、「この科目ではキミが一等賞だ！」と、言ってあげてほしい。少なくとも、自分だってなにかの分野でチャンピオンになる可能性がぜったいある、とだれもが信じられるような教育であってほしいんです。

大人になって仕事に就くと、トップの責任はぐっと重くなります。僕は会議をほとんどしませんが、たまにテレビ局のスタッフたちと会議をすると、見事にみんな序列を守って発言している。最初に発言するのはもちろんトップ。次に二番手、三番手と順番に意見を述べていく。この序列が乱れるとチームバランスが崩れ、いい仕事はぜったいできません。

チームバランスをよくするのは、トップの役割です。序列を乱して発言した人がいたら、傷つけないようやんわり諫《いさ》める器量がなければならない。チームの良し悪しはトップに立つ人間のリーダーシップと思いやりにかかっています。チームが八人なら、トップは八番手を助ける義務がある。「お前はどんじりだけど、今日は意見を言ってみろ」と、下の人を引き上げることも必要です。同じように、二番手は七番手を救う。三番手は六番手を救うのが鉄則。ナンバースリーまでは、下位の人を気遣うやさしさが欠けていると、すぐにその地位を失います。

これは舞台でも同じです。僕は舞台を演出するとき、いつも言っています。

「主役は好きなことを言えますが、ほかの人を気遣う気持ちもなければ務まらないよ。二番手は半分好きなことを言える。三番手は三分の一、四番手は四分の一の発言力があります。これを間違えるとチームが乱れるので、自分の序列を常に考えて気をつけてね」

いちばん困るのは、一番手がなにも言わず、ほかの人に「お好きにどうぞ」と言ってしまうケース。一見このリーダーはやさしそうですが、自分が先頭に立ってチームをまとめるのが面倒なだけかもしれません。本当のやさしさって、案外気づかれにくいんです。

「親切」な行為には覚悟が必要

世の中でいちばんむずかしいのは、人に対する親切の仕方じゃないかな、と僕は思っています。たとえば仕事の場で、自分の能力を超えて頑張っている部下がいた場合、「お前、そんなに一生懸命やらないで少し休め」と親切心で先輩が言ったとしましょう。

でも、後輩はこう感じるかも知れません。あの先輩、俺を面倒くさいやつ、煩わしい存在だと思っているんだな……。そこで、「休めってことは、自分なんかいなくてもいいということですか？」なんて先輩に食ってかかると、収拾がつかなくなります。先輩が「いや、俺はそんなつもりで言ったんじゃないよ」と言っても、一度生まれた不信感は、なかなか消えません。言葉ってむずかしいですね。

今の例で言うと、後輩の不信感が生まれる余地のない言葉を使うといいかもしれません。

「バカヤロー、もうそこで止めろ。それよりメシを食いにいくからついてこい！」

こんな乱暴な言葉のほうが、かえって相手を傷つけないですむ場合もあるんです。だけど、これも額面通りにとられたら、言ったほうも言われたほうも辛いですよね。僕にもそんな経験があります。

芝居の演出をしていたときの話なので、僕が先輩に当たる立場。相手はコメディアンから俳優になった小林すすむさんで、舞台の芝居は慣れていなかったのか、稽古のときから何度やってもセリフが言えない。セリフはしっかり覚えているのに、しゃべろうとするとアガってしまうんです。

そこで、あえて乱暴にこう言いました。

「小林ちゃん、セリフを言えないなら、もう言わなくていい！　ほかの人にやってもらうから、こっちにきて観てろ！」

代役を立てて、そのそばでじっと観ていてもらった。こういうことをすると、共演者も緊張しますよね。外された小林ちゃんに同情が集まって、とうとう主役の田中美佐子ちゃんが僕に直談判しに来ました。

「外してただ見学させているなんてかわいそう。できなくてもやらせてあげてほしい」

僕が返した言葉はこれ。

「そうか、それは親切だね。だけど、こんなときに親切はいらない。ほっといてくれ」

美佐子ちゃんとは何度も一緒に舞台の仕事をしているので、僕のやり方はわかっているはず。でも、このときばかりは小林ちゃんに同情して、何度も何度も僕に訴えてきました。

「もう一緒に稽古してもいいんじゃないですか？　小林ちゃんを本当に降ろすんですか？」

そこで僕は美佐子ちゃんにも怒ったんです。

「できないやつは出さない！　でもギャラは払うから、ほかの人が心配することはない。うるさいから黙っててくれ！」

あのときは完全、鬼になりきってました。すると美佐子ちゃんだけじゃなく、出演者全員が小林ちゃんを勇気づけ始めた。僕はずっと鬼のまま過ごして、いよいよ初日の前日、小林ちゃんに言いました。

「明日は本番だよ。今日までみんなの芝居を観ていたから、全体が飲み込めただろ？ 自分がそこに加わったとき、なにを言えばウケるかもわかったと思う。もう台本は忘れて、明日舞台に上がったら、好きなようにセリフを言ってごらん。全部アドリブでいいから」

幕が開いたら、小林ちゃんのアドリブが炸裂しました。前の章でお話ししたように、「横からじっくり観察」すると、全体のバランス、個人個人の「間」がわかるから、的確なアドリブが飛ばせるわけです。

初日の舞台が終わると、彼は涙を流しながら僕にお礼を言っていました。でも、彼の成功は僕のおかげじゃなく、彼自身が集中して修行したからですよね。僕はただ、そのきっかけをつくっただけ。

でも、辛かったですよ〜。こういうときは覚悟を決めて鬼にならないといけない。稽古場の雰囲気は真っ暗になるし、欽ちゃんてあんなに冷たい人だったんだ、とみんなに責められているようで、いたたまれなかった。

だけど、僕が途中で甘い顔をして、「大丈夫だよ、心配するな、必ずできるから」と言ったら台無しになってしまう。「あ、欽ちゃんは怒っているようだけど、本番で降ろされることはないな」と、叱られたほうに気のゆるみが出るので、才能があっても伸びなくなってしまいます。「この人は将来必ず伸びる」という確信がつかめたら、うまくできないとき、徹底的に叱ったほうがいいんです。

小林ちゃんのときも、本番になったらすごく面白いものを出してくるに違いない、と信じていたから、あえて意地悪なことをつづけていた。実際、舞台の上演期間中、小林ちゃんは次々と冴えたアドリブを飛ばしつづけて、大ウケでした。

だけど、この意地悪作戦が空回りすると、関係者すべてに嫌われることになりますから、相当な覚悟が必要です。やるなら周囲の人からも「冷酷」「鬼」「底意地が悪い」と言われて憎まれるぐらい、徹底しないとダメなの。周囲の人に本心を打ち明けてもいけない。その人が「欽ちゃんはああ言っているけれど、なにかワケがあるに違いない」なんて、冷たくされている本人に言ってしまったらなにもなりません。

あるいはこういうとき、周囲にスグレモノがいると、僕が言わなくても本心を察して、「欽ちゃんは最後、決して悪いようにしないよ」などと言ってしまいそうですね。これも困っちゃう。スグレモノの皆さん、もし僕の心が読めても黙っていてくださいね。

会いたい人にはどんどん会いに行こう

「あの人に一度でいいから会ってみたいな」

みなさんもそう思う人が、一人や二人はいますよね。遠くの国に住んでいる人、なんのつながりもない人の場合は、実際に会うのは諦めるしかありません。では、かすかなつながりがあるけれど、相手は自分よりとっても偉い人で、面識はまったくない。こんな場合、どうします?

僕は、会いたい人には会いに行くべきだと思います。もちろん失礼があってはいけませんが、なぜ会いたかったか、どんな話を聴きたいかを説明すれば、大物だって案外快く面会を許可してくれるものです。

これは自分の体験からはっきり言えます。僕はコメディアンになってから、積極的に人に会いに行っていました。浅草育ちの僕の感性にはないモダンな感覚のテレビ番組を観たりすると、テレビ局に自分で電話してディレクターの名前を聞き出し、「会いに行ってもいいですか？」と直談判していたんです。

自分で番組をつくれるようになってからも、面識のない社長さんにアポなしで会いに行ったことがあります。新しい番組をつくるとき、「あの会社がスポンサーになってくれるとうれしいな」と思った会社を訪ね、「社長さんいますか？」と、いきなり受付で言いました。

受付の人がどこかに電話すると、係の人がやってきて、僕に聞きます。

「今日はどんなご用件でしょうか？」

「今度始まる番組のスポンサーの件できました。社長さんにお会いして、相談に乗っていただけないかと思いまして」

「社長じゃないとだめでしょうか？」

「はい、社長さんじゃないとダメなんです」

そう言ったらその人、一〇分ぐらいいなくなったあと戻ってきて、こう言うんです。

「社長は今外出中ですが、会長がお会いします」

社長さんよりさらに偉い人が、一コメディアンに対応してくれました。

「欽ちゃん、なにをしにきたの?」

会長さんのトークがまた、フランクなんです。きっと、僕にプレッシャーがかからないようにという配慮だったと思います。それで僕も思い切って言えたんです。

「以前僕、この会社のコマーシャルをやらせていただきました。それはたぶん失敗ではなかったと思うので、今度は僕がつくるテレビ番組のスポンサーになっていただけないかと思って」

今思うと、大胆なお願いですよね。でも、会長さんはごくあっさりと、それを受け止めてくれました。

「ああ、なるほど。今日はわざわざその話できてくれたのかい?」

僕のお願いに関する話はこれでおしまい。あとは関係ない話をしばらくつづけて、最後に僕は言ったんです。

「スポンサーのお願いは僕個人の考えなので、ご無理をしていただかなくてけっこうです。社長さんにお会いしにきたら、思いがけなく会長さんとお話できて、それだけで大変感謝しています。ありがとうございました」

立ち上がって会長室を出て行こうとした僕に、会長の言葉が響きました。

「欽ちゃん、無駄足にさせないよ」

今思い返しても、しびれますね。コニカの会長さんの言葉ですが、その言葉通り、コニカさんは僕の番組のスポンサーを引き受けてくれました。その後なんのお返しもできませんでしたが、コニカさんには今も恩を感じていますし、子供を育てているとき、「カメラを買うならコニカだよ。お父さんがお世話になったメーカーだから」と、ことあるごとに言っていたものです。

女性と笑いの微妙な関係

だれでも苦手なものはぜったいあると思いますが、僕の場合は女性かな。いや、苦手というより小さいときから女の子の気持ちがよくわからない。反応がさっぱり読めません。これだけは僕、子供の頃からな～んの進歩もないまま。だから仕事の場面で女性と関わるとき、今も一〇〇点は出せないままです。

同じ笑いの世界で言うと、男の子なら多少乱暴なことを言っても、笑いで返してくれます。たとえばある番組で若手のコンビと一緒になったとしましょう。

「僕たち、今日は前説をさせていただきます。どうぞよろしくお願いします！」

そう言われたとき、僕はこんなことを言ったりします。

「あ、お前のあいさつはいるけど、こっちのやつの汚い顔はいらない」

男の場合、これでコミュニケーションがとれるんです。

「そうですよね、じゃあ今度から僕、この仕事は休んじゃいま～す」

汚い顔、と言われたほうが「笑い」にして返してくれる。だけどこれ、女の子のコンビには言えないんですよね。相手が女の子だと、失敗や欠点を「笑い」につなげていいのか躊躇しちゃう。こういうとき僕は、「怯え」の体質が全開になってしまうんです。

このあたりは昔から解決ができない点ですね。だけどこれまで、どんなにキツいツッコミをしても、平気で受けて爆笑につなげてくれた女性が一人だけいました。それは

『欽ドン！　良い子　悪い子　普通の子』の一コーナー、「良い妻　悪い妻　普通の妻」に登場し、一人で「よし子」「わる子」「ふつ子」の三役を見事にこなしてくれた中原理恵ちゃん。一九七八年に『東京ララバイ』を大ヒットさせた歌い手さんですが、コメディエンヌとしても秀逸でした。理恵ちゃんのコーナーを始めたとたん、女性週刊誌が何誌も取材にきてくれたので、「これは当たるぞ」と確信したものです。

理恵ちゃんを起用したのには、れっきとした理由があります。なにかの番組で理恵ちゃんがゲスト出演してくれたとき、話しながら片方の肩と腕をもぞもぞ動かしているので、「どうしたの？」って聞いたんですが、何度聞いても答えてくれない。でも最後になって、ぼそっとこう言ったんです。

「ブラジャーのホックが外れちゃったの」

男をドキッとさせる言葉でしょ？　だけど、なんの嫌味もなく、過剰なセクシーさも感じさせず、サラッとこう言う。そのとき、あっ、この人はコメディーの素質があるかもしれない、と直感したんです。

結果は予想以上。瞬発力もあるし、笑いのツボを心得ている。自分が女性であるという点も活かしながら、いやらしくならないところで止めることができる人。生まれもった素質かなと思ったら、そうではありませんでした。

のちに周囲の人から聞いて知ったことですが、理恵ちゃんは日頃から努力してユーモアのセンスを磨いていたんです。所属事務所の社長さんに会ったとき、相手から先に「おはよう」と言われると、「いや〜ねえ〜、朝から所属タレントを口説こうとして」なんて切り返していたらしい。仕事で重そうな荷物を持っていた理恵ちゃんに「それ、僕が持ちましょう」と申し出たマネージャーさんには、「なに〜、あなた、私に気があるの？」なんて言っていたそう。日常のなかで、理恵ちゃんはコメディーの修行を重ねていたんです。

ただ、これが今「笑い」の世界にいる女性たちすべてに当てはまるお手本かどうか、それが僕にはよくわからない。

二年前の大学二年生のとき、「笑いについて、学生たちに一度講義してください」と学校側から頼まれて引き受けたら、その教室で質問されました。

「最近、女性芸人の進出が目立ちますが、それについてどう思われますか？」

これ、僕をいちばん困らせる質問でした。で、こう答えたんです。

「それね、僕もよくわからなくて考えているところなので、みんなで考えて僕に意見を聞かせて」

学生のみなさんは素直に考えてくれて、「女性が少ない世界で頑張っていて、偉いと思います。僕も頑張らなくちゃって、勇気をもらいました」とかいろいろな意見がでましたが、僕のなかではいまだに解決しない問題なんです。

そもそも女の人がよくわからない僕にとって、「女性と笑い」は永遠に謎のままかもしれないな。駒澤大学にも「笑い」を追求している部活やサークルがあると思うので、わかったら僕に教えてね。

笑いを遠ざけ、人間関係をぶち壊す三点セット

この章の最後に、「笑い」が遠くなる三点セットをご紹介しましょう。この三つが揃えば、返ってくるのは笑顔ではなく沈黙。空気は突然重くなり、多くの人はうまく対応できません。「人間関係をぶち壊す三点セット」と言ってもいいでしょう。

その三点とはこれです。「顔が怖い」、「セリフが怖い」、「音程が低い」。顔の怖さとは、もちろん顔のつくりではなく、表情のこと。普段の笑いが少ない人ほど、顔が怖くなりやすいと思います。

笑うとき、僕たちは顔の筋肉を動かすわけですよね。ワハハと大笑いをするときは、頬骨の下にある大頬骨筋《だいきょうこつきん》という筋肉が動いて、大きな口を開けさせるのですって。筋肉は使えば鍛えられますから、いつも笑っている人は笑みを浮かべた表情がつくりやすくなります。

その逆で、普段から笑っていないと笑顔がつくりにくくなるんじゃないかな。運動不足がつづくと身体の筋肉や関節が固くなってくるでしょ。それと同じように、顔の筋肉だって固まってしまうのだと思う。これを避けるために、自分が好きなコメディアンのビデオなんかを観て、日頃から笑う訓練をしておくのもいいですね。

「セリフが怖い」と「音程が低い」は、簡単にセットになります。相手を脅すようなセリフを思い浮かべて、心のなかで言ってみてください。低～いトーンのほうが似合うと思いませんか？

怖いセリフと低い声は、二つ揃っただけでも相手に脅威を与えてしまいますから、どちらかを崩す練習をしておいたほうがいい。声のトーンをあげるほうがやさしいと思います。

たとえば少年野球の監督が怖い顔、怖いセリフ、低い声で「もうお前なんか出さない！」と言ってしまうと、父兄から文句がくるかもしれません。これも思いっきり声を高くして、「もうお前なんか出さない！」と言ってみれば、「あ、監督は完全に本気で怒っているわけではないな」と察してもらえるのではないでしょうか。

えっ、察してもらえなかったら？　そういうときは、父兄から三点セットで大クレームがきちゃうかもしれませんね。

第三章

仏教に「笑い」はあるか？

類笑み合えば心は通じる

駒澤大学仏教学部に通い始めて三年が経ってしまいましたが、仏教の「正体」はまだつかめていません。すべての人々を救う仏教の教えも、「学問」になると、とたんに近寄りがたくなっちゃうんです。

でも、三年生になってからの僕は、ちょっとわくわくしながら学校に通っています。なぜって、新しい目標ができたから。

――仏教のなかに笑いを見つける――

これが、今の僕の楽しみです。実を言うと、入学した当時から「仏教と笑い」には興味がありました。生きているのが辛い、将来になんの希望ももてない、そんな人たちにとって、「笑い」は救いになり得る、と僕は確信しています。

だから、辛い人、困った人を見かけたとき、仏教の教えを語る前に「まずはちょっと笑ってみようよ」と言ってくれるお坊さんがいたら最高にうれしい。そう期待していたのですが、授業ではなかなか出会えませんでした。

歴史に名を残すようなお坊さんが登場しても、ときの権力者に頼られたり、大きな事業を成し遂げたり、「偉いね！」という話ばかりで、一般の人を救っている姿ってあんまり聞けなかった。

それで一、二年生のときはだいぶがっかりしたものですが、三年生になってからはいくつか発見がありました。その一つをご紹介しますね。

三年生の夏休み、僕はなんとも贅沢なお寺巡りをしました。フジテレビが企画してくれた番組（『欽ちゃんのちょっと近所のお寺巡り』）で、専門家に解説してもらいながら仏教美術を見学したんです。

専門家とは、僕も授業でお世話になっている駒澤大学の教授……中国仏教史の吉村誠先生、仏教美術の村松哲文先生、そして漢文と禅の語録の小川隆先生。三人とも話が上手で個性的、僕の大好きな先生たちです。

訪ねたのは四つのお寺でしたが、そのなかの五百羅漢寺《ごひゃくらかんじ》で素敵な「笑み」に出会いました。このお寺の本堂には、ちょっと珍しいテーマに沿って仏像が配置されています。正面に仏教の開祖であるお釈迦さま、その左右には一〇大弟子を中心に、羅漢と呼ばれるお弟子さんがズラッと三〇〇人ぐらい並んでいる。壮観です。

同行してくれた村松先生によると、インドの霊鷲山《りょうじゅせん》でお釈迦さまがお説法をしようとしている場面の再現。そこにはこんなお話が残っています。

弟子たちがすべて揃ったのに、お釈迦さまは蓮の花を右手に持っただけで、なにも語りだしません。お弟子さんたちはいぶかしげでしたが、たった一人、お釈迦さまの心を見抜き、ふっと笑みをもらした人がいた。十大弟子の一人、迦葉《かしょう》さんでした。

するとお釈迦さまは迦葉さんに頬笑み返し、こう言ったのです。

「今、あなたが私の教えを受け継いでくれた」

つまりこれは、お釈迦さまが迦葉さんを後継者に指名した場面でもあるのですね。言葉でなく、笑顔の交換で真理や信頼がつながっていく。この故事は「拈華微笑《ねんげみしょう》」といって、これが禅宗の始まりとも言われています。無言で通じ合う「以心伝心《いしんでんしん》」も禅の言葉で、まさにこの場面から生まれたのですって。

村松先生の解説を聞いたあと、思い出しました。この物語は一年生の授業で習った。あの頃は仏教の基礎的な知識を詰め込むのに必死で、うっかり素通りしてしまいましたが、仏教には初めから素敵な頬笑みの物語があったのですね。

五百羅漢寺では、笑みを浮かべている迦葉さんの像と、口元に軽い笑みをたたえたお釈迦さまの像を目の当たりにしたので、「笑い」がもたらす効用を実感できました。そしてそのあと、こう思ったのです。

言葉で伝えてもらうより相手の心を察することが大事、そして師匠から教わるより自分自身で研鑽を重ねていくことも大事。これが仏教だとすると、僕が実行してきたコメディアンの修行と似ているな……。

「笑い」の道も、言葉で教わるものではありません。師匠や先輩たちの心を察し、自分自身でワザを磨いていくことに尽きるのです。こんな共通点に気がついて、仏教の授業がますます楽しみになっちゃいました。

仏の道も笑いの道も「修業」ではなく「修行」

ところで、僕の本を前にも読んでくれた人は、もしかしてもう気づいているかもしれませんね。長いあいだ僕は、コメディアンの「シュギョウ」というときには「修業」と書いていたのですが、今では「修行」と書き方を改めています。

えっ、「修業」と「修行」はなにが違うのかって？ 実は僕も、それをまともに考えてみたのは、つい最近のことでした。

一年生の頃、黒板に先生が「修行」と書いても、ノートには無意識に「修業」と書いていました。そのうち、仏教では「修業」ではなく「修行」と書くんだなと認識して、板書を写し間違えないようにはなりました。

「業」と「行」が本格的に気になりだしたのは、三年生になってからです。広辞苑を引いてみると、「修行」の項は、いちばん最初の説明に「仏の教えを修習し行うこと」とあります。なるほど。片や「修業」のほうは、「業をならいおさめること」。ふう〜ん……。

よくわからなくなっちゃった。コメディアンというのは確かに僕の職「業」ではあるけれど、だれかから「ならって」「おさめ」れば完成、というものではありません。むしろ、「ならった」あとで自分なりに工夫して「行いつづけ」、決して終わりがないものなんじゃないかな。だとしたら、コメディアンは仏の道を歩みつづけるお坊さんに近いから、「修業」ではなく「修行」と表記したほうがいいような気がする。

そんなことを学校で話していたら、だれかがこう言いました。

「そういえば、卒『業』という言葉はあるけれど、卒『行』って聞いたことがないよね。『修業』には終わりがあるけれど、『修行』は一生つづくものなのかもしれないな」

そうだ、コメディアンにも卒業や定年はないから、やっぱり「修行」なんだ！　そう思ったら、お坊さんたちにものすごく親近感がわきました。

ついでにそのとき、「勉強」と「修行」の違いも考えて、僕は自分なりにこう結論しています。先生がもっている正解を教わるのが「勉強」、自分で行いながら今までになかった正解をどこまでも追求して行くのが「修行」。だから、勉強のゴールは先生から○（マル）をもらうことだけれど、修行には終わりがない。もし自分で自分に○をつけてしまったら、その人はそれこそそこで「終わり」じゃないかな。

ここまで考えたら、「修行」という言葉が急激に僕のなかで大きく輝いてきました。

そこで思いだしたのが、一年生のときに教わったお釈迦さまの言葉です。お釈迦さまは息を引きとる間際、幾つかの言葉を弟子たちに残しているのですが、そのなかの一つがこの一言。

「怠ることなく修行をしなさい」

最初にこれを知ったとき、僕はなんだか納得がいきませんでした。当時の僕には、お釈迦さまがこう言って亡くなっていたら素敵だなと、密かに想像していた言葉があったんです。

「私のことをみんなは崇めているようだけれど、私は普通の人間だよ。だから私の言ったことには、間違いがあるかもしれない」

まだ仏教の「ぶ」の字にもたどり着いていなかった僕は、勝手にお釈迦さまのイメージをつくりあげていたのですね。でも、「ぶ」の字ぐらいはわかってきた今は、「怠ることなく修行をしなさい」が、とっても素敵な言葉に思えます。

「私はもういなくなるけれど、そんなことは気にせず、自分の足で自分の道を歩んでいけばいいよ」

お釈迦さまは、こう言ったんだと思う。これも僕の勝手な解釈ですけれど、少なくとも僕には今、この言葉がやさしく、そして厳しく響いています。

禅問答をトンチンカンにする仕掛け

「あれ、欽ちゃんの言っていることは仏教に近いね」

　駒澤大学に入学して以来、いろいろな人にこう言われました。僕は以前と変わらず、「運と不運は五〇パーセントずつ」、「不運がつづいたあとはでっかい運がやってくる」という持論を繰り返しているだけなんですが、学校の教授やお坊さんなど、仏教に関わりがある人たちと話すと、「考えが仏教的」と言われるのです。

　三年生になってから禅の語録を教わっている小川先生にも、ある日、こう言われました。

「欽ちゃん、この前ＮＨＫの『アドリブで笑』で、『一生懸命普通にやれ』と言っていたでしょう。あれ、禅そのものじゃないかと思いました。さとったあと、さとりを忘れ去って、どう普通に生きていくか。禅の語録ではそれがとっても重要な問題とされているんです。雲水さんたちが僧堂でなにを修行しているかと言ったら、『一生懸命普通にやる』ことを練習しているんじゃないでしょうか」

ン？　そう言われても僕にはよくわかっていないのですが、僧堂から戻って大学に勉強に来ている若いお坊さんたちは、しきりにうなづいていました。

禅についてはまだ知識が少ない僕ですが、今、禅の問答に興味がわいています。禅問答というと、なにを想像します？　チグハグでトンチンカンなやりとり？　そうですよね。わけのわからないやりとりをしていると、「なんだよ、禅問答じゃないんだから！」なんて言われたりします。

駒澤大学に入学してから知ったのですが、日本の禅宗の二宗派、道元さんの曹洞宗《そうとうしゅう》、栄西さんの臨済宗《りんざいしゅう》のうち、師匠と禅問答をするのは臨済宗のほう。中国の唐や宋の時代から今まで変わらず、師匠から与えられた問題に取り組み、師匠とのあいだで何度も問答をくり返しながら修行を重ねていきます（ちなみに日本の禅宗にはもう一つ、黄檗《おうばく》宗《しゅう》という宗派もあります。これは中国の明《みん》時代の臨済宗が江戸時代に日本へ伝わったもの。臨済禅と同じ系統ですから、黄檗宗も禅問答をします）。

小川先生によると、禅の問答がチグハグに見えるのは、師匠が弟子の問いにまともに答えず、代わりに問いを投げ返して、弟子に自分で答えを見つけださせようとするからなんだそうです。その仕組みは「反語」表現に似ている、と先生は教えてくれました。

反語というのは、自分の言いたいことを自分では言わず、それが答えになるような問いにして相手に返す言葉。つまり答えを直接相手に教えるのではなく、相手の側に答えを引きださせるという表現です。

……と説明されて、わかります？　僕はさっぱりわからなかった。そうしたら小川先生、とってもわかりやすい例で説明を加えてくれました。中国ではもともと反語を多用するのですが、これが関西弁にも通じると言うのです。

「お前、この前そう言っただろ？」

と問い詰められて否定するとき、標準語ならまともに「言ってないよ！」と言うでしょう。でも、関西弁ならこんな表現が可能です。

「ダレが言うたんや⁉」

これが反語。文法的には「だれが言ったの？」という疑問形ですが、答えを要求しているわけではない。これは相手に「そうか、お前は言っていないのか」と自らわかってもらうための、問いの投げ返し。中国語でもこういうとき、「誰説的？（誰が言ったのか?)」と言うんですって。禅問答も同じで、「修行者が自ら答えにたどり着かなければ意味がない」から、師匠は弟子に問いを投げ返すのです。

ここでさらに、小川先生は禅の大切な言葉を教えてくれました。

「門より入《い》るものは家珍《かちん》にあらず」

家珍というのは家宝のこと。門から入ってくるもの、言い換えれば人からもらったものは、我が家の宝にはなり得ない。つまり、真理は人からもたらされるものではなく、初めから自らの心のなかにあって、自分自身で見つけるものだ、という意味になるらしい。

つづけて先生は、馬祖《ばそ》さんという有名な禅僧の問答を紹介してくれました。

弟子「達磨《だるま》大師が中国にやってきた意味はなんですか?」

馬祖「今、この場の意味はなんなのか?」

小川先生は「わかりやすい例」としてこの問答を引いたと言うのですが、わかりました? 僕にはわからなかったので質問すると、かみ砕いて解説してくれました。

達磨大師は、各自の心が仏であると指し示しに中国へやってきた。つまり自分自身が仏なんだよ、とみんなに気づかせるために、はるばるインドから来たのです。だけど、師匠が弟子にそう説明してしまうと、それは弟子にとって「門より入るもの」になってしまう。だから馬祖さんは、説明する代わりに、「今、この場の意味は何なのか？」と問い返した。今、ここにいる自分、ここでこうして師匠に質問している自分自身、それはいったいなんなのか？　達磨大師が指し示しにきたのは、まさにソレではなかったのか、と。

師匠にこう投げ返されてハッとさとるかどうか。ここから先は、もう弟子の側の問題なのだそうです。

ここまで聞いて、僕は別の意味でハッとしちゃいました。これって、コメディアンの修行と同じです。人から教わったものって、決して自分のワザにはなりません。基礎だけは人から学んでも、あとは自分で探していくものなんです。

だいいち、浅草の師匠たちは、なにもまともに教えてくれませんでした。前にも言ったように、「どうやったらうまくなりますか？」の答えは、「十年やってれば」ですから。あれって、今思うと「俺は教えないよ。答えは自分で見つけろ」というコメディアン流の禅問答だったのかな。

そんなことを考えていたら、後日、小川先生の授業で再び馬祖さんの問答が出てきました。

洪州《こうしゅう》の水老《すいろう》という和尚さんが、馬祖さんを訪ねてきて、こう質問したそうです。

「達摩が西からやって来たことの明白なる意味、それはいかなるものでございましょう?」

前に出てきたお弟子さんの質問と同じですよね。でも、馬祖さんの答えは、そのときと違いました。「礼拝せよ」と言ったのです。

水老和尚が言われた通り礼拝したら、馬祖さん、いきなりひ、と、蹴、り、を食らわした。すると水老和尚は起ち上がり、手をたたいて呵々大笑した——。

これが「さとり」の瞬間だったのですって。いきなり蹴飛ばされて、ハッとさとる。凄まじい世界ですよね。

さとった瞬間の反応は人それぞれですが、呵々大笑する人がよくいるそうです。意外なところで「笑い」に出くわして、驚きました。

さとりをひらいた水老和尚は再び礼拝して馬祖さんのもとを去りますが、後年自分の弟子たちにこう語ったと伝えられています。

馬大師がひと蹴り　食らいしより
今日にいたるも　笑い止まらず

さとりの大笑い……今の僕にはまだよくわかりませんが、長年探していたものが、蹴りの一撃で、まざまざと我が身の上に実感できたのでしょうね。達磨大師がずばりと指し示しに来たものを求め、他人にまで聞き回っていたのに、その答えは自分自身のなかにあった。なんだ、探し回っていた当の自分が実は答えだったのか！　そうわかったとたん、あくせく外を探し回っていた自分が、滑稽に思えたのかもしれませんね。

小川先生によると、禅の語録には、ときに殴る蹴る、の暴力も出てくるようです。ここもまた、僕が見てきた笑いの世界と似ています。一章や四章でも触れているように、僕が修行していた頃の浅草は、当たり前に先輩からの「暴力あり」の世界でした。

現在だったら大問題になるでしょうが、当時のことを思い返しても、とりたててそれを非難する気にはなれません。水老和尚のようにすぐにはさとれなくても、殴られた意味があとでわかった、ということもありましたから。

それにしても、蹴られてさとった水老和尚が、後年になってなお「今日にいたるも笑い止まらず」なんて言っているくらいだから、「さとり」と「笑い」はどこかでつながっているような気がします。もしかして、僕の考え方が仏教に近いと言われるのも、こんなところにカギがあるのかもしれません。

六祖慧能《えのう》さんの夜逃げ

「修行」が僕のキーワードになってから、お坊さんの逸話を聴くときも、この人はどんな修行をしたのだろう、という点に関心がいくようになりました。

その観点から推測して、あっ、この人こそ「勉強」ではなく素晴らしい「修行」をした人だ、と感じて大好きになった人がいます。禅の系譜のなかで「六祖」と呼ばれる重要人物、慧能さんです。

貧しい家に育った慧能さんは、文字を習うこともできないまま薪を売って年老いたお母さんを養っていましたが、ある日、聞こえてきたお経に惹かれ、禅宗の五祖・弘忍《こうにん》さんのもとを訪ねました。弘忍さんは少し言葉を交わしただけで、慧能さんが並みの人物ではないことを見抜きましたが、あえて米搗《つ》きの役割を与えます。

慧能さんはとても小柄だったので、腰に石を巻いて重しをつけないと、足踏み式のウスで米を搗くことができません。それでも文句の一つも言わず、一年近く米を搗いていましたが、あるとき弘忍さんが跡継ぎを決めるために、「偈《げ》」と呼ばれる詩を募集したんです。

これにただ一人応えて立派な偈を書いたのは、一番弟子で人格者でもあった神秀《じんしゅう》さんでした。文字の読めない慧能さんがそれを小僧さんに読んでもらうと、どうも納得がいかない。そこで自分も一つ偈をつくり、小僧さんに頼んで壁に書いてもらいました。

簡単に言うと、神秀さんの偈は、「身体にも心にも煩悩の埃がつかないように日々修行に努める」という内容。それに対して慧能さんは、「身も心も実体なんかないので、埃のつきようがない」と書いた。ちなみに、今も禅語として語り継がれ、書き継がれている「本来無一物《ほんらいむいちもつ》」という言葉は、このときの慧能さんの偈に書いてあった言葉なんですって。

さて、この慧能さんの偈を見て仰天したのは師匠の弘忍さんでした。米搗き役でまだ仏道の修行もしていない慧能さんの偈のほうが、一番弟子の神秀さんより優れていたのでね。

でも弘忍さん、そのあとの対処法が並みじゃなかった。修行僧たちの前では神秀さんの偈を褒めておいて、夜中にそっと、自室に慧能さんを呼んでこう言うんです。

「お前の偈は素晴らしい。衣鉢《えはつ》はお前に渡そう。その代わり、誰にも告げずに今夜のうちにここを去れ。南へ帰って禅の教えを広げなさい」

衣鉢というのは、禅宗の開祖達磨《だるま》さんから受け継がれた袈裟《けさ》と、托鉢《たくはつ》に使う食器のこと。これを渡すというのは、後継者に指名するという意味です。神秀さんではなく慧能さんに衣鉢が渡ったと知れたら、弟子たちが大騒ぎをすることは目に見えています。弟子たちはみんな、神秀さんこそ「後継者」と信じていましたし、慧能さんのことは「貧しくて無学な田舎者」と見下していたのですから。

慧能さんは結局、師匠に言われた通り夜逃げして、故郷の南の地で立派な弟子をたくさん育てました。

文字も読めず、正式に修行もしていない人が一年足らずで宗門のトップに就くなんてあり得ない、と思いますか？　僕は、大いにあり得ると思っています。

慧能さんは貧乏な家に育ちながら、親を恨んだりせずに親孝行に励んだ人。こういう人は「運」がたまっているに決まっています。弘忍さんのお寺に行ってからも、お寺の片隅の米搗き場で、人知れず黙々と重労働に励んでいた。みんなのために文句も言わず辛い役割を引き受けていたなんて、得をしようと思って生きていませんよね。ここでもまた、「運」がたまっていたのだと思います。

それに、一章で説明しましたよね。いちばんよく観察できるのは、横から眺めている人だって。直接自分が教わらなくても、横から観ていれば習得できるんです。

現に、テレビの世界にもこういう人はいました。『欽きらリン530‼』（日本テレビ）のディレクターだった土屋敏男さんと、『欽ドン！』（フジテレビ）を担当してくれた竹島達修ディレクター。

二人ともテレビの番組づくりなんてぜんぜん知らなかったのに、僕のやり方をじ～っと横で見ていて、あっさりと全部モノにしちゃいました。こういうのって、自分なりの

「修行」ですよね。僕は何も教えていないし、彼らは何も聞かず、一人で習得していったのですから。

彼らの修行を見ていた僕には、慧能さんがダブって見えました。慧能さんは米搗き場で働きながら、師匠や修行僧一人ひとりを観察していたのだと思う。師匠や修行僧から直接なにも教わらなくても、立派な修行を続けて、密かに自分なりの仏道を極めていた人だと、僕は信じています。慧能さんの笑いのエピソード、探したいな。

師匠と弟子が「相棒」になるとき

もう一人、僕が大好きな人に、曹洞宗を開いた道元さんの一番弟子、孤雲懐奘《こうんえじょう》さんがいます。駒澤大学は曹洞宗の宗門大学なので、道元さんの教えを習う授業もあるのですが、そこで出会ったのが懐奘さんでした。

懐奘さんのなにが素晴らしいかというと、師匠として仕えた道元さんへの愛。三七歳のとき二歳年下の道元さんに弟子入りし、師匠が亡くなるまで片ときもそばを離れず、お世話をしたのです。

こんなにやさしい懐奘さん、きっとお母さんが優れた人だったんじゃないかな、と思ったら、まさにその通りでした。懐奘さんは一八歳で出家して天台宗の学僧になりますが、一時帰宅をしたとき、お母さんから、「学問に通じた偉いお坊さんではなく、庶民を助けるお坊さんになりなさい」と言われてしまいます。素晴らしいお母さんですよね。

その後、紆余曲折を経て巡り会った道元さんの知識や考えに感銘を受け、懐奘さんは三〇代後半にして生涯の師を得たのです。傍らにいてお世話をする侍者として道元さんにつき従ってからは、折々に聞いた師匠の話をすべて書きとめていました。それをまとめた『正法眼蔵随聞記《しょうぼうげんぞうずいもんき》』は、道元さんの思想や人柄を表す書物として、今も多くの人に読まれています。

この本で僕が気に入っているのは、道元さんが懐奘さんに、「仏道でもっとも大事な修行は坐禅だよ」と言っているところ。それを聴いた懐奘さんが、「坐禅より昔の禅僧の語録や、禅の問答集を読むほうが修行になるのではないですか？」と道元さんに尋ねても、「いや、ただ坐禅をしてときを過ごすのが仏の道」と師匠は言うのです。

道元さんは坐禅をとても重視した人だと、授業でも教わりました。でも僕は懐奘さんと道元さんのこのやりとりを読んで、言葉には出していない道元さんの気持ちが見えたような気がしたんです。

道元さん、もしかして懐奘さんに、こう言いたかったのではないかな。

「いやいや、昔の人の言葉を『勉強』するのではなく、自分の身をもって『修行』し続けるのが仏道なんだよ」

懐奘さんは、道元さんの教えを忠実に守って、大好きなお母さんの死に目にも会いに行きませんでした。侍者を務めていた二〇年間で、懐奘さんが師匠の顔を見なかった日は病気をした一〇日間だけ、と語り継がれているぐらい、師匠に尽くした人なんです。

こういう弟子がいたら、道元さんだってうれしいでしょうね。師弟を超えて相棒づき合いをしてあげよう、と思ったんじゃないかな。相棒の語源は一本の棒で駕籠《かご》を担ぐ二人組のことだそうですが、両者の力関係はまったくの互角ではない気がします。僕が思うに、立場が上の人から「相棒だよ」と声をかけて始まる関係が、いちばん素敵なんじゃないかな。

コント55号でコンビを組んだ坂上二郎さんは、僕より七歳年上でしたが、「欽ちゃんは相棒だよ」と、間接的に言ってくれました。

一度限りのつもりで一緒に立った舞台で、劇場の人から看板に出す名前の順を聞かれ、「萩本欽一、坂上二郎の順番にしてください」と言ったのは二郎さん。コント55号としてテレビに進出するとき、「欽ちゃんのほうが若くてテレビ向きだから、欽ちゃんが好きなようにやればいいよ」と言ったのも二郎さんでした。

二郎さんは、「自分のほうが年上だ」というそぶりを一度もしたことがありません。それどころか、年下の僕を敬う気持ちをさり気なく示してくれた。懐奘さんも年下の道元さんを敬っていたんですね。もしかしたら、懐奘さんに師として敬ってもらうことで、逆に道元さんのほうが知らないうちに育てられていた……。そんな面もあったのではないかなと、僕は自分の経験に照らし合わせて想像してみたくなります。

禅の歴史のなかの有名な師弟を、コント55号と並べて語るのはおこがましいですよね。わかっています。それでも、懐奘さんと道元さんを思うとき、どうしてもコント55号の二郎さんと僕を思い浮かべてしまう。懐奘さんへの僕の愛は、イコール坂上二郎さんへの愛でもあるのです。

第四章

プロはこんな仕掛けで笑わせる

ツッコミとボケの理想形

コメディアンの修行は、「ボケ」を学ぶことから始まります。一般の人は自分がツッコミかボケか、まずタイプを知ったほうがいい、と最初の章で言いました。でも、新米コメディアンは、本人がどちらのタイプであろうと、まずはボケ役をやらされるのです。なにも教わらずにいきなり舞台に立たされるので、当然だれでも失敗します。そこをツッコまれてまた失敗し、またツッコまれると焦ってますます失敗するので、延々とツッコまれていく。

イジメに近い？　たしかに文字で説明されると、そう感じるかもしれません。ツッコミ役が悪いと、本当にイジメに見えてしまう恐れもある。だから、ツッコミ役はうまい人しかできないんです。僕が東洋劇場に入った頃、なにを言っても、どんな失敗をしても、ちゃんと受け止めて笑いにしてくれる優れた先輩が何人もいました。臨機応変にツッコミを炸裂させ、会場に爆笑を巻き起こすのです。

先輩たちにツッコまれてボケながら、先輩は自分のどんな失敗に反応したか、それをどう笑いに変えていったか、その次に自分はどう返したか……すべて頭のなかに入れておいて、次の出番に活かしていきます。

修行を始めて一年ぐらい経った頃、先輩にこう言われました。

「ツッコミの相手がヘタだと自分も進歩しない。相手がうまければうまいほど、自分も伸びていく。最初のうちは『うまいな』と思う人を見つけて、その人の近くにくっついてろ。自分が直接組まなくても、うまい人のそばにいれば、相手の反応をどう処理するか、自然と覚えて自分もうまくなっていく。少しできるようになったら、やっぱりうまい人のそばにいろ。ベテランになっても、ぜったいうまい人のそばにいろ。相手がへただと、そこから得るものはなんにもない。それを『芸が止まる』という。最低一〇年間は特定のコンビを組まず、うまい人を探してやってろ。コンビもうまい人と組め。いいか、永久にうまい人とやってろ！」

こうアドバイスしてくれたのは、東八郎さんでした。僕の最初の師匠だった池信一さんが別の劇場に移ることになったとき、東さんに僕を託してくれたんです。

「八っちゃん、俺やめるんだよ。こいつを預かったけどまだなにも教えてないから、お前がちゃんと教えてくれるかい?」

東さんは快く引き受けて、よく面倒を見てくれました。のちにトリオスカイラインの一員として大活躍した東さん、テレビではとぼけた持ち味が印象的だったかもしれませんが、東洋劇場時代はツッコミもボケもこなせるオールラウンドプレーヤー。とりわけ鋭いツッコミの名手でしたので、僕はうまい東さんのそばに、四六時中ぴったり張りついていました。

「おい、欽坊、今日は俺らがやってる舞台にいつでも出てこい」

初めてそう言われたときのうれしかったこと。だけど、いつでもいいと言われても、どのタイミングで出ていったらいいのかわかりません。しかも「痴漢で出てこい」と言われて、どうやったらいいのかもわからない。痴漢の経験なんて、ないですからね。

どうしよう、いつ出たらいいんだろう……舞台の袖でドキドキしながら見ていたら、東さんがきっかけをつくってくれました。

「はい、ここで痴漢がでてくる!」

舞台でそう言っているので、痴漢らしく舞台上の女の子を斜《はす》に見ながら登場したら、すかさず東さんのツッコミが入ります。

「お前ね〜、私は痴漢ですっていうカッコで痴漢は出てこないだろ。私は決して痴漢なんていたしません、という体《てい》で出てきて、女の子に近づいたとたんパクッといくのが痴漢だよ」

なーるほど。東さんの言葉に従ってもう一回やり直して出て行ったら、今度は女の子にサッと避けられた。すると東さん、今度は女の子にツッコんでました。

「お前もすぐサッと逃げてるんじゃない。相手が痴漢だってわかってれば逃げるけど、今の近寄り方じゃわからないだろ」

次は僕が女の子に近寄って抱きついたところで、

「そんなやり方じゃだめだよ。女の子の手が空いてるんだから、抱きついたって殴られるだけだろ」

と、僕にツッコんだと思ったら、女の子にも一言。

「お前は痴漢に出会ってうれしいのか！　何も言わず、ただ黙ってるっていうのはなんなんだ！」

その次、女の子は「やめてください！」と声を出しましたが、ま～たダメ出しされてるの。

「おいっ、やめてくださいって言葉では言ってるけど、身体があとずさりしねえのはなんなんだ！」

もう僕も女の子も、なにをやってもツッコまれていました。でも、あとで考えると東さんの言っていることは、しごくまっとうなんです。東さんは、僕たちが「痴漢」と「痴漢に襲われる女の子」という役割を意識し過ぎて、普通じゃない演技になっているのを指摘しただけ。

ボケ役が目標とするのは、ツッコミの言う通りのことができるようになることではありません。仮にそれをやっても、「正解」ではないのです。いかに、うまくツッコまれるようなボケを返していくか。ボケ役の醍醐味はここにあります。

何度も何度も東さんと舞台で共演しているうち、少しずつツッコミとボケの理想的な形が見えてきました。言ってみれば、ツッコミは「叱り上手」、ボケは「叱られ上手」になることが大事なんです。

東洋劇場のコントとは

ところで、東洋劇場時代の僕を「観たよ」という人には出会ったことがないので、当時の浅草の劇場の話を少ししますね。

戦後間もない頃の浅草には、劇場や映画館がたくさんありました。その頃の浅草は、映画や演劇、踊り、コメディ文化が花開いたモダンな街だったのです。それから一〇年余り、僕が東洋劇場に入った昭和三五年は、浅草の優れたコメディアンがもっと大きな中央の劇場や、映画、テレビの世界にどんどん進出していった時代でした。

前にもふれましたが、東洋劇場のメインは踊り子さんのストリップショーです。ストリップといっても、今から考えればとても露出度の少ないもので、そのショーの合間に一時間ほどの芝居と、一五分ほどのコントが挟まれていました。

芝居とコントを演じるのが、僕たち劇場専属のコメディアンです。芝居は『一本刀土俵入り』とか『国定忠治《くにさだちゅうじ》』『金色夜叉《こんじきやしゃ》』など、当時の人ならだれでも知っているような有名な演目に「笑い」を入れて上演することが多かった。これが、いわゆる軽演劇です。

僕が入ったとき、新宿の系列劇場から移ってきた石田瑛二さんという名手がいました。この人はボケもツッコミも超一流で、芝居も抜群にうまい。のちに森繁久彌さんに認められ、本格的な芝居の世界にスカウトされていきました。

コントのほうは、台本なしのアドリブです。1日で上演する出し物は全部で二五景、つまり二五の場面があって、「コント」は第五景で行われます。芝居の景には演目が書いてありますが、五景はいつも「コント」と書いてあるだけ。内容はその日の出演者が即興で決めていきます。

「今日のコントはお前とお前でやれ。衣装はあっちに出してあるから。はい、それで五景は終わり。次、六景は……」

演出家の先生の指示はこれだけ。名前を呼ばれたコメディアンは用意してあった衣装を裏で確認して、「あ、僕の役は駅員さんだな。相手役は……絵描きかな?」と、想像しながら舞台に出ていきます。

打ち合わせもほとんどありません。東さんが「今日は鈥坊、痴漢で出ろ」と言ったように、その日、その場で即興コントを仕立てていきます。お客さんが目の前にいる舞台で毎日これをやるのですから、いい修行になりました。しかもお客さんの多くは踊り子さんのストリップが目的で劇場にきていますから、よほど面白くないと笑ってくれません。

二〇〇席の劇場に、お客さんが五、六人しかいない日もあります。そういうとき、お客さんは自分が笑うと目立つので、大声で笑わない。こういう日は、コメディアンも大きい声は出しません。お客さんが怯えてしまうので、こっちも小さい声で、「プッ」と吹いたり、「フッ」と笑ってくれそうなネタを客席に投げかけていくのです。コメディアンは、だれもいないところで練習してもうまくなれません。お客さんの目の前で汗をかきながら、育てられていくのです。

前に書いたように、新人のうちは踊りを覚えるのも仕事ですから、踊り子さんのショーにも出演します。踊り子さんはプロですから、練習はしごくシンプル。

「はい、ワンツースリーフォー、ぐるっと回ってヤッポンポン、バッタリ、バッタリ、ヤッポンポン、くるっとこっちでヤッポンポン……。あ、お前とお前、位置交換して。じゃあもう一回やるよ。はい、ワンツスリー……」

って、文字で読んでもわからないよね。とにかく振り付けの先生が自分も踊りながら、あっという間に振りをつけていくんですが、ここで僕は落ちこぼれて降ろされ、一歩も二歩も下がったところからスタートしたわけです。

リズム感を覚えたら踊りのショーにも出られるようになりましたが、そこでは照明や音響と舞台の関係についてもずいぶん学びました。のちにテレビの世界に行ったとき、割合早く自分の番組を自分で演出できるようになったのもこのおかげ。

「欽ちゃん、なんでいきなりテレビに来て、全体的な演出ができるの？」とずいぶん聞かれたものです。そのときはあえて言いませんでしたが、浅草時代に少しずつ蓄えた財産があったからでした。

日常の言葉と動きはズレている!?

新人時代の修行に戻りましょう。ツッコミとボケの基本を覚えたら、その次にやることは、「さばく」。セリフを言うとき足をどこに置くか、手はどこに置いておくか、手足をうまくさばくことを学びます。

たとえば「お前ね～」と相手になにか言うとき、手をいつ、どう動かすか。セリフがないときはどこに手を置いておくか。セリフを言って手も動かしたあと、その手を元に戻すのか、さらにどこかへもっていくのか。こういうことを瞬時に計算して行うと、「笑い」になるんです。

コメディアンは、演技がうまくないと一流になれません。でももちろん、演技なんか教えてはもらえない。何度も失敗して、先輩に怒られながら覚えていきます。

基本は、セリフと動きを同時に出せるようになること。そんなの簡単、と思いますか？　たしかに簡単かもしれませんね。でも、これをやると子供の学芸会の演技になっちゃうんです。

♪う～さぎ　うさぎ　なに見てはねる　十五夜お月さん　見ては～ねる

子供たちが歌いながら手足や身体を動かすと、ほぼ同時になります。子供たちは言葉に一生懸命動きを合わせていて、かわいいですね。でも、それは子供のお遊戯だからかわいいと感じるの。

大人の場合は、どうでしょう。劇団で演技を習った人のなかに、ときどきセリフと動きを同時に出してくる人がいます。覚えたセリフを言うことが主体で、そこに動きを合わせようとすると、両方が揃っちゃう。

これ、観る側に違和感を与えます。人って普段、言葉と動きを同時に出すことはほとんどないですから。僕は「セリフで動くのは学芸会」と言っています。コメディアンも演技をする人も、セリフと動きをばらばらにして組み合わせないと、人を笑わせたり感動させることはむずかしいのです。

プロの場合は、セリフがわずかに先で、動きはあとからついていく、とか、逆パターンで、先に身体を動かしてからセリフを言う、といった練習をします。これが基礎練習です。

基礎ができると、なるほど日常生活では言葉と動きをばらばらに使っていたんだな、と認識できます。ただし、日常の言葉と動きには「間」が入っていないので、人を笑わせることができない。

身につけた基礎をどう舞台で活かしてうまくなっていくか、ここからは自分一人の修行です。この場面ではセリフと動きをどうズラせば面白くなるか、今日工夫したことはなぜウケなかったのか、毎日試行錯誤が続きます。

たとえばこの項の初めに書いた「お前ね～」というセリフ。これを言ったあと、「間」をとってから腕を動かすと、いいボケになります。「おい、お前、ただじゃおかねえ～からな！」と言ったあとでゆっくり相手を指さすと、言葉とは裏腹の弱さが表せる。

こうやって、一つずつ自分が舞台で使える例を身体に覚えこませ、その数を増やしていくのです。あるとき、先輩がヒントになることを言ったので、それを帳面に書いていたら、とたんに怒られました。

「おっと！　書いちゃダメだよ！　頭で覚えると帳面に書いた文字が頭に浮かんで、身体の動きが鈍くなる。言われたらすぐ身体を動かして、身体で覚えろ。この仕事は頭じゃなく身体でやる仕事だ。身体に覚えさせろ！」

この教えを今までず～っと守ってきたので、僕は一切記録を残していません。ちょっとぐらい書いておけばよかった、と少しだけ悔やんでいますが、書かなかったからこそ必死で覚えられたんじゃないかな。

今、芝居のオーディションをするときも、僕は浅草時代に覚えたことを土台にしています。セリフより動きを大事にする人と一緒にやりたいからです。オーディションで最初にやってもらうのはこれ。

「プロ野球のアンパイアになって、『ストライク!』のコールをしてごらん」

多くの人は、「ストライクと言わなくちゃいけない」という思いが先に立つから、セリフ主体になります。「ストライク!」とセリフだけ言う人、セリフの一瞬あとに手を上に挙げる人、セリフと手が同時に出てくる人、この三パターンが大半をしめる。これを僕は「シロウトロード」と言っています。シロウトの人の王道、という意味です。

「もう一回やってみて」

と何回かやってもらううちに、みんなだんだん慣れてきて、プロのアンパイアのしぐさに近づいてきます。「ストライク!」と言うとき、両脚を踏ん張って中腰になり、片手を高々と差し上げる。ここまでいくとだいぶ進化系ですが、それでもまだ「ストライク!」が先、動きがあとの人が多い。これがなぜいけないかと言うと、アクションがあとからついてくると、動き全体が流れてしまう。ビシッと締まらないんです。

アンパイアの完成形は、両脚の踏ん張りと片手を大きく上げるしぐさを先にして、ちょっとの「間」ののち、「ストライク！」を宣告する形。これだと動きが流れず、信頼できるジャッジだな、と観る人に思ってもらうことができます。

さらに「ストライク！」を「ストラ〜〜イク！」と伸ばしたり、「ストライック！」と縮めたり、言ったあと首をグッと動かしたり、「間」を自分なりにつくろうとしていたら文句なしに合格点です。プロの上手なアンパイアを観察すると、たいていこういう形、動きとセリフがずれて、そこに「間」が入っているはずです。

たとえば、皆さんだって、「おう、〇〇ちゃん！」と声を掛けるとき、声を出す前に肩に手を置いたりしているでしょ。

プロのコメディアン並みのセリフと動きのズラシは一朝一夕にはできないかもしれませんが、「動きを大事にする」ことを日常的に心がけていると、声が明るく大きくなったり、いろいろな発見があると思いますよ。

動きと言葉のズレが笑いをつくる

さて、前の項を読んで、アンパイアの「ストライク！」をやってみた人はいますか？

好きだな、そういう人。積極的な姿勢って、いつかきっと「笑い」や「運」につながっていきます。

セリフと動きのズラし方は、コメディアンにとって非常に大事な要素。頂点へ登るための命綱のようなものなので、もう少しお話ししますね。

コメディではない普通のお芝居を観ていると、だいたい「セリフで動く」演技をしています。たとえば夜遅く帰ってきて奥さんに怒られたとき、普通の演技だと「お母さん、どうもすいません」というセリフと、申し訳ない、という身体の形を同時にやる。

僕たちは、「申し訳ない」という身体の形を先に示しておいて、ちょっとあとにセリフを言います。身体が謝る形になっているから、観ているほうは当然「すいません」というセリフが出てくると思う。そこを外して、それ以外のことを言うと、コメディになるんです。

身体の形は精いっぱい謝っているのに、口では「ごはん、まだある?」なんて言ってしまう。奥さんは「あんた、なに考えてるの?」と思うかもしれませんが、セリフがおかしいから怒りは消えて、最後は笑ってしまうのです。

　これができるようになるまで、不器用な僕はずいぶんかかりました。最初に身体で、「申し訳ない」の気持ちを表しても、「ごはん、まだある？」とセリフを言うときには、身体の動きが崩れてしまう。

「申し訳ない」を身体のほうで表現していないと、「ごはん、まだある？」のセリフが笑いになりません。でも、はじめはなぜウケないのかわからず、身体の形が崩れたまま、「ごはん、もうないのかなぁ〜」、「まだ食べてないんだけどなぁ〜」などと言葉を重ね、言葉の調子で笑わせようとしていた。こんなことをしたあとは、舞台が終わってから先輩に鼻血が出るほど殴られました。

　今の時代なら大騒ぎされるような後輩への暴力が、僕の入団時にはまだ残っていたのです。東八郎さんが座長になってからは、完全に暴力を封印する改革を行いましたが、それまではまあ凄まじかった。

　もっとも僕ら新米は、それをたいして気にしてはいませんでした。だって、先輩が殴りたくなるのも当たり前。基礎もできていないのに、自己流で客席から笑いや拍手を要求していたのですから。

見巧者《みごうしゃ》がお客さんも僕たちの大先輩に当たる達者なコメディアンを知っているので、見巧者が多かった。当然、本当に面白くないと、笑ってくれません。

つい最近、身体で謝って、セリフで「ごはん、まだある?」という演技を、テレビ番組のなかで若手コメディアンたちにやってもらいました。残念ながら、正解を出せた人はゼロ。みんな、申し訳ない、ごめんなさい、という身体の形はつくれます。だけど、「ごはん、まだある?」を言うときには、もう身体の形が崩れている。

平成時代のコメディアンは、「動き」や「間」の土台ができていない人が多いような気がします。今は「動き」で笑う軽演劇流の笑いが消えてしまい、「セリフ」だけで笑わせる時代になっているのでしょうね。

一方、「笑い」を観にくるお客さんは、僕らが若い時代より格段にやさしくなっています。最初から笑うことが目当てなので、笑いの発火点がかなり低くなっている。だから今のお客さんは、身体の動きができていなくても、「ごはん、まだある?」というセリフだけで笑ってしまう。

軽演劇で育ち、それを復活させたいと願っている僕には、それがとっても寂しいんです。でも、僕もだんだん身体が動かなくなってきているし、僕が一生懸命ワザを盗んだ最高のコメディアンたちも、もうほとんどいなくなりました。

名コメディアンの絶妙なワザ

あっ、でも浅草出身の名コメディアンも、完全に観られなくなったわけではありません。浅草軽演劇の素晴らしいお手本は、ＤＶＤやブルーレイのなかにたくさん残っています。

『男はつらいよ』シリーズをぜひ観てください。渥美清さん演じる「フーテンの寅さん」に、そのエッセンスが詰め込まれています。ちなみに渥美清さんは、僕が修行した東洋劇場の上にあったフランス座の出身です。劇場自体は五階建てで、一階から三階までが東洋劇場、四階から五階が同系列のフランス座。どちらも踊り子さんのショーと、コメディアンの芝居、コントで構成されていました。

渥美さんがフランス座に所属していた当時、座付き作家として台本を書いていたのが、のちに作家として大活躍する井上ひさしさんでした。

聞いた話によると、渥美さんは踊り子さんのショーの合間に一人で一五分間ステージに立ち、爆笑の渦を巻き起こしていたそうです。残念ながら僕とはすれ違いで、僕が東洋劇場に入ったとき、渥美さんは活躍場所をテレビに移していました。井上さんもすでにフランス座を去り、テレビの世界でコントの台本を書き始めていたのです。

寅さんの話に戻りましょう。寅さんのどこがすごいかというと、セリフで動く演技と、セリフと動きをバラバラにする演技を、一本の映画のなかで見事に演じ分けているのです。

「さくら、そんなこと言ってるけど、それはちょっと違うな……」

たとえば、こんなセリフがあったとしたら、動きを入れず、普通に言っているはずですから、おかしくもなんともありません。渥美さん、ここに笑いはいらない、というところは、セリフを主体に演技をしているんです。

ところが、笑いを誘う場面になると、突然身体の動きとセリフを駆使し始める。たとえば、それこそ悪いことをしてさくらに怒られそうなとき、身体の動きを「すいません！」の形にして、「さくら、そろそろごはんかい？」とかね。

観ているほうは寅さんに肩入れして観ているから、はらはらするわけですよ。ああ〜、寅さんダメだよ〜、ここでそれを言うとよけい怒られちゃうよ、と思いながら我慢できずに笑っちゃう。

こういうときの渥美さん、秀逸なんです。山田洋次監督は、浅草軽演劇をよく知っている人なんでしょうね。渥美さんを実に巧みに演出して、寅さんを日本中から愛されるキャラクターに育ててくれました。

もし読者のなかに「笑い」の世界を目指している人がいたら、ぜひ渥美さんの寅さんで学んでください。

昔のコメディアンでもう一人お手本をあげるとしたら、三木のり平さんです。のり平さんのおかしさは、観ている人に、「こんな人、もしかしたら一億人の日本人のなかに六、七人はいるかもしれない」、と思わせるところ。のり平さんは、そういうキャラクターをつくっていくのが絶妙なの。

なかでも語り継がれているのは、東宝の劇場でやった『雲の上団五郎一座』の、のり平さん。「雲の上団五郎一座」という名称の旅芸人一座の芝居で、途中『源氏店《げんやだな》』が劇中劇で演じられるんです。そのなかで与三郎に扮したのり平さん、ゆすりに入った家で、かつての愛人お富にばったり出会う。もともと大店《おおだな》の若旦那だった与三郎が、悪党になり果てたのはお富のせい。しかもお富は死んだとばかり思っていたので、与三郎は尻をチョンッと割ってお富の前に座り込み、こう言います。

「いやさ、お富、ひさし、ぶりだぁ〜なあ〜」

ここ、この芝居最大の見せ場……なんですが、のり平さんの与三郎は、片足をもう一方の足に乗せてあぐらをかくような決めのポーズをとろうとしても、片膝がピュッと上がってうまくあぐらがかけません。何度やり直しても膝が上がっちゃうんですが、そこに草履を乗っけると膝が収まる。ところがセリフを言おうとすると、草履が滑り落ちてまた膝がピュッと上がる。これを何度もやり直すんですが、やるたびに面白さが倍、倍になっていく。

僕は東洋劇場の見倣い時代にこの芝居を劇場で観たんですが、うしろの席から観ていたので、会場が笑いで大きく波打つのを目撃しました。みんな身体をゆすって大笑いするので、本当に会場が波打つんです。

このとき、のり平さんの与三郎にツッコミを入れていた八波むと志さんがまた凄かった。のり平さんが一回ごとにボケのグレードを上げていけるのも、八波さんの巧みなツッコミが効いているからなんです。

ちなみに八波さんも浅草の劇場にいたことがあって、僕の新人時代も伝説が残っていました。あまりにも八波さんのツッコミが優れていたので、八波さんが浅草を去ったあと、しばらく浅草からツッコミ芸人がでてこなかったと言われています。

八波さんはその後ミュージカルなどでも才能を発揮していましたが、三八歳のとき交通事故で亡くなりました。惜しい、としか言いようがありません。ちなみに、八波さんのマネージャーをしていた浅井良二さん（現・浅井企画社長）はすごいショックを受けて、八波さんのあとを継ぐようなツッコミ芸人を育てる決意をしました。それで、浅井さんがたまたま声をかけてくれたのが、僕だったのです。恐れ多い…ですが、ありがたい出会いでした。

「いなし」の名人、東八郎

新人コメディアン時代、僕は大劇場でのコメディや芝居、映画など、時間とお金をなんとか工面しては観に行っていました。でも、東洋劇場にもすごいお手本がたくさんあったんです。

今も目に焼きついているのは、東さんの「いなし」。僕たちコメディアンが言う「いなし」とは、相手が意に沿わないアドリブをしたとき、それを巧みにかわすワザのこと。相撲で言うと、突進してきた相手の肩口を突いて一瞬でかわすワザ。東さんはこれが素晴らしくうまかった。

前に言ったように、東さんはダジャレと下ネタが大嫌い。同じ舞台でだれかがアドリブでダジャレや下ネタを言うと、徹底的にいなす。もう一つ、東さんは「自分ネタ」もひどく嫌っていました。自分ネタというのは、共演者との絡みで笑わせるのではなく、自分一人でウケを狙うようなアドリブです。

あるとき、東さんが座長の時代物の芝居で、長々とアドリブを言ったコメディアンがいました。共演者のことをまったく配慮しない「自分ネタ」で、そのうえ下ネタも含まれていたものだから、東さんは怒りました。

段取りではそのコメディアンのセリフのあと、東さんが「ヤロ〜、やるのか！」と言ってチャンチャンバラバラ、長めの立ち回りが始まるはずでした。

「お前は殺す。特に殺す！　生き返ることなく殺す！　しかも早めに殺したい！」

東さんはセリフをコロッと変えてこう言うと、立ち回りをチャンチャンぐらいで終えて、さっさと殺しちゃいました。「特に殺す」って、このセリフだけでもおかしいでしょ。しかも、とどめを何度も何度も刺してるから、お客さんはバカウケ。浅草のお客さんは一人よがりの長いアドリブなんて聞きたくないので、東さんの見事ないなしにヤンヤの喝采を送ったのです。

斬った相手に東さんが、「ざま〜みろ！」言ったら、斬られた相手役も死んでいくとき笑いをとっていました。長いアドリブで下ネタをやったその人は、こう言ったんです。

「やっぱり下ネタは……早死にする……」

そこで拍手と笑いがきたら、さらに続けて言いました。

「明日は……下ネタ……言わない……」

するとと客席から「そうだ！」の掛け声がかかって、幕。自分が嫌いな下ネタを言った相手をうまくいなしたからこそ、笑いにつながったのです。しかもその相手にもウケる場を与えて終わりました。優れたコメディアンは、どんなアドリブがきても大人のセリフで返していける。それを目の当たりにした貴重な舞台でした。

東さんのような「いなし」、普通の生活でもできたらいいですよね。今の世の中は、正しいことを言いすぎます。失敗したり、悪いことをした人を、とことん追及したい世の中でしょ。自分の嫌いな言い方をする相手に「お前、そういう下品な言葉を俺の前で言うんじゃないよ！」とストレートに非難すると、相手は必ず仇を討とうとします。東さんのようなシャレた「いなし」を普段使えるようになるといいですね。

すべてのコントは「三大コント」が基本

東洋劇場のコントは全部アドリブ。先ほどそう説明しましたが、実はコントには基本になる三つのパターーンがあります。『天井』、『仁丹《じんたん》』、『先後《せんこう》』。これが「三大コント」だと、先輩に教わりました。どんなコントも必ずこの三つのどれかのパターンでできている。だからコントをつくるときは、この三つのどれかに当てはめ、そのパターンに沿って、あるいはパターンを少し崩しながら当てはめ、組み立てていくのです。

三大コントを基本にしていたのは浅草のコメディアンだけではありません。関東のコメディアンも関西のコメディアンも、同じ三つを基本にしていました。『先後』は関西では『丸三角』と呼ばれているようです。三大コントそのものもよく演じられていて、浅草では「この三つがうまくできるようになれば一人前」と言われていました。

さて、では三大コントを簡単にご紹介しましょう。

【天丼】

『天丼』は、コンビで行うコントで、なにかをやろうとしてもうまくできないボケ役を、相方がツッコんでいくというパターンのコント。わかりやすい例で言うと、もてない男がもてる男に「どうやったらもてるんだ?」と聞いて、教わった通りにナンパしてもうまくいかない。何度もツッコまれてやり直すんだけど、ますますできない。

あとで具体例をお話ししますけど、コント55号のコントは、天丼でつくったものがいちばん多かった。いくらやってもできない人物は、55号では二郎さんの役割。キャバレーの呼び込みとか、マラソンの強化選手とかに扮するんだけど、何度やってもできず、そのおかしさで「笑い」をつくっていく。

つまり、天丼はもともと、シチュエーションがいくらでもあるんです。なぜそれがまとめて「天丼」と呼ばれているかというと、できない人ができる人に教えてもらうときに、「天丼おごるからさ」と言うことが名前の由来になったんですって。今となっては天丼のありがたさも半減していますけど、このコントが生まれた頃、天丼は大変なご馳走だったわけですね。

天丼はどれもたいてい、ものすごく単純なネタなんだけど、ツッコミどころが満載で、うまい人がやると何段階にも笑いを大きくしていきます。

【仁丹】

『仁丹』は、トリオで客を笑わせるときの基本型で、これは筋と登場人物が決まっています。登場人物はお巡りさんとスリの二人組。一人のスリが女性物のハンドバックを盗ったところにお巡りさんが登場し、不審に思って尋問する。

「なんでお前、男が女物のハンドバックを持っているんだ？」

「いや、ちょっと今、女房がトイレに行っているので、預かってます」

お巡りさんはハンドバックの中を確認しながら、なおも言います。

「本当か？　怪しい奴だ。中に入っているものを言ってみろ。奥さんのハンドバックだったら中身を知ってるだろ？」

「当たり前です」

「じゃあ言ってみろ。なにが入ってるんだ？」

「いやあ、あのォ、女房は女性ですから……」

「だからなにが入ってる？」

スリが言い淀んでいると、スリの相棒がお巡りさんの死角からバックの中身を見て、仲間にジェスチャーで懸命に教えようとする。まずは化粧品のパフを顔にはたくジェスチャーです。

「え〜と、顔叩きが入ってますね」

「顔叩きィ？」

次に相棒が粉をパフにつけるところをやると、

「すいません、粉が入ってます」

「粉ってなんだよ！」

今度は相棒、声を出さずに口だけで「パフ、パフ」と伝えると、

「いや、中に入っているのはパンでした」

「パン〜？」

こんなふうに相棒の助けを借りてハンドバックの中身をお巡りさんに説明していきますが、相棒がどうしても伝えきれないのが仁丹。

仁丹は一種の口内清涼剤ですが、酔い止めにも使われていたので、相棒は電車の吊革につかまって酔いそうになるジェスチャーから始めます。尋問されているスリは、それを観て「酒が入ってます」。相棒が完全に酔ったしぐさをすると、「バカになる薬が入ってます」と、一向に近づかない。

困った相棒が「もう、これはなし！」というジェスチャーをすると、そこだけはわかって「なし！」と言ったり、「もうそれは捨てろ」というジェスチャーに反応して、「お巡りさん、今のはひとまず捨てましょうか」と言ったり、めちゃくちゃになってきます。

相棒のほうはだんだん大胆になってジェスチャーが大きくなってくるので、お巡りさんが気づいて聞きます。

「お前、そこでなにやってるんだ？」

この場面、必ずウケます。

最後に相棒が考えついたのは、仁丹のパッケージに描かれている将軍の姿をマネすることでした。サーベルとか軍服をジェスチャーで伝えると、「軍隊が入ってます」と、またわけのわからない答えになってしまう。

トンチンカンなやりとりをさんざん繰り返したあげく、結末はしびれを切らした相棒が「仁丹だよ！」と叫んで暗転。そのあと閉まった幕の向こうから、尋問されたスリ役が、「ああ、そうか〜。仁丹塔か〜」と言ったりするので、最後の最後まで笑いの波は広がっていく——。

というコントです。ラストの言葉、もうわかる人は少ないかもしれないですね。僕の修行時代、浅草には大きな仁丹の看板があって、トレードマークの将軍が描かれていました。当時仁丹はとても人気があって、仁丹塔も浅草のほか上野、神田、渋谷、大阪駅前にあったので、多くの人が仁丹といえば大礼服姿の軍人さんを思い浮かべたものでした。

『仁丹』は今思い返してもよくできたコントで、お巡りさんに尋問されるボケ役がうまいと、最初から最後まで笑っていられます。お客さんは答えがなかなかでないので、もどかしくてだんだん尋問されているスリに親近感がわいてくるの。

お巡りさんのツッコミ役がうまいと、自分のうしろでハンドバックをのぞいているスリの相棒を、前を向いたままいきなり叩いたりしていました。ツッコミの名手って、横にもうしろにも目がついているようで、全方向が見えているんです。

東八郎さんがそうでした。

【先後《せんこう》（丸三角）】

『先後』という題名は『先輩後輩』の略で、先輩が後輩にナンパの仕方を教えるという筋です。

先輩はナンパの名手で、女の子とすれ違いざまにハンカチを落として「お嬢さん、ハンカチが落ちましたよ」という手口が得意。女の子が自分のハンカチだと思って「あら、すいません」と立ち止まると、ハンカチの埃を払って渡しながら、「よかったらお茶でも飲みません？」と誘うのです。女の子は「あら……」といいながら先輩についていく。

それを見ていた後輩が、なんだナンパって簡単じゃないか、と思ってやってみると、タイミングがまったく合いません。女の子が気づかずに通り過ぎると、「待て～」と追いかけますが、反対に戻ってきた女の子に「なんなのよ！」と威嚇されてしまいます。勢いに押された後輩は、「いや、待たなくてけっこうです」。

何度も再チャレンジしますが、「ハンカチ落ちましたよ」と言ったとたん、「そんな汚いハンカチ、私のじゃありません」と言われたり、ことごとくうまくいかない。七回ぐらい失敗を繰り返してから、先輩が提案します。

「じゃあこうしよう。ここに丸と三角をかいておく。女の子が丸、お前が三角に入ったらハンカチを落として声をかけろ」

こんな規則を決めてやってみると、これがまたことごく失敗続き。丸に入った女の子に声をかけようとすると、その前に丸から出てしまうので、「おいちょっと待て、規則を守れ」。そう言うと、「なあに？」と女の子が引き返してきて、丸を越えてぐっと近寄ってきます。

「バカヤロー、オレは規則通り三角に入ってるのに、お前は丸を出たり入ったりするんじゃない！」

そう言われても女の子はわけがわからず、「失礼ね。なんなのよ！」と去って行ってしまいます。次にきた女の子が丸ではなく三角の位置に入ると、泣き顔で「このヤロ～、俺の位置をとりやがって」とか、女の子が丸をまたいで行くと、「テメ～、またぎやがったな」と、もうわけがわからない。

丸と三角の位置しか見えなくなってナンパという本来の目的を忘れ、そこをまたツッコまれていく。

ここで紹介したのは僕が浅草で覚えた三大コントですが、これに慣れると自分でアレンジができるようになる。僕もようやく一人前になったと認められた頃、それまで共演したことのないコメディアンと、アドリブでコントをつくっていくチャンスに恵まれました。その相手が、のちにコント55号でコンビを組んだ坂上二郎さんでした。

苦手な相手役が最高の相棒になった

前に書いたように、東洋劇場の上には渥美清さんも所属していたフランス座がありました。どちらも踊り子さんのショーとコメディアンの舞台で成り立っていましたが、東洋劇場は軽演劇主体、フランス座はコントが主体でした。

「欽坊、しばらくフランス座へ行ってくれ」

支配人にこう言われたのは東洋劇場に入って二年目の頃でした。フランス座のコントがマンネリ化してきたので、ぶっ壊してこい。暗にそう言われたような気がして勇んで行ってみると、歓迎ムードはまったくなし。向こうも東洋劇場から生意気な若造がくるからつぶしてやれ、と思っていたようです。

この頃、先輩たちが続々とテレビ界から引き抜かれていたので、若手は早くあとにつづこうと必死でした。なかでもフランス座のリーダーだった安藤ロールさんが発散するエネルギーは凄まじかった。ロールさんは故郷の鹿児島で働いていたとき、『NHKのど自慢』で鐘を三つ鳴らし、歌手を夢見て上京したものの、鳴かず飛ばずでコメディアンに転身し、フランス座に籍を置いていたのです。

僕より七歳年上だから、当時二八歳だったのかな。フランス座ではロールさんのボケに僕がツッコムというコントが主でしたが、ロールさんはぜんぜんボケてくれません。僕のツッコミにツッコミで返してくるから、こっちもムキになる。お互い汗びっしょりで舞台を飛び回り、挑発合戦を繰り広げていました。二人の闘志とライバル心が毎回ぶつかり合って、両方でこう感じていたと思う。

「なんてシツコイやつなんだ！」

ロールさんとの絡みは最高に疲れる代わり、とっても刺激的でもありました。それに、お客さんにバカウケしたんです。僕たちが二〇日ごとに主役を交代しながらアドリブでやっていたのは、やっぱり三大コントの崩し形。最初にやったのは『先後』を変形させた、こんなコントでした。

ロールさんの役柄はメガネをかけた堅物青年。真面目一筋で、女の子とはまともに話ができない。勇気を振り絞って声をかけるときも、極端な一本調子で「ボクトツキアッテクレマセンカ」としか言えません。

ところがメガネを外すと豹変しちゃう。女の子に会うと「おね〜ちゃん、ぼくねぇ〜……」、と急にかわいくなって、セリフも声も、顔つきも変わるのです。舞台ではメガネのオン・オフを繰り返し、かけているときの真面目さと、外したときのかわいらしさを見せていきます。

ボケに徹しているときのロールさんは僕が見てもかわいらしいのですが、いつツッコミに転じてくるかわからないので気が抜けません。舞台では大きな笑いをとっていましたが、なるべくならこの人とは長く組みたくないなぁ、と思っていました。

でもきっと、目に見えない縁があったんでしょうね。そう、このときの安藤ロールさんが、のちに僕とコント55号を組んだ坂上二郎さんです。

テレビの生コマーシャルで一九回失敗して追放され、熱海で数カ月仕事をして浅草に帰ってきた日に二郎さんから電話があった、という話を前にしましたね。その日、二郎さんとマージャンをしながら、僕は熱海で考えた新ネタを二郎さんの前でしゃべったんです。

学者が講演をしていると、演台の脚のバランスが悪くてガタガタするので、書生が高さを合わせようと脚を切っていくうち、上の台しか残らなくなる――。

それを聴いた二郎さんは、こう言ったのです。

「欽ちゃん、それ面白いけど、一人で学者も書生もやるのって無理があるんじゃない？僕、一緒にやってあげようか」

たしかに二郎さんの言葉には一理あります。僕としてはテレビ界をあきらめ、浅草で自分なりの一人コントを追求して行こうと思っていたのですが、二郎さんの申し出を受けることにしました。

だけど、二郎さんと組んだらお互い譲らないから大変なことになる、とわかっていたので、ずっとコンビを組むつもりはさらさらありませんでした。僕が一人でやろうとしていた『机』というコントだけ、手伝ってもらおうと考えていたんです。

ところが、ところが！　浅草の松竹演芸場で初演した『机』がまた、バカウケしてしまったんですね。それでその後も二郎さんと演芸場に出つづけているうち、劇場の人がコント55号というコンビ名を考えてくれた。僕にとっては、いちばん組みたくない人と組んで、新たなジャンルに挑み始めたわけです。

コント55号は「フリとコナシ」のコンビ

「笑いのコンビで名前に『コント』とつけたのは、コント55号がいちばん最初じゃないですか？」

つい最近だれかにこう聞かれるまで、まったく意識したことがありませんでした。この名前自体、僕たちが出演していた松竹演芸場の人が考えてくれたんです。

コンビ名に「コント」とつけたのは僕たちが初めてかどうかは、今もよくわかりません。それより、今さらながら疑問がわいてきました。そもそも「コント」ってどういう意味なんだろう？　今まで当たり前のように「コント」という言葉を使ってきましたが、本来の意味をだれかに聞かれたら、僕はまともに答えられません。

こういうときは広辞苑。コントを引いてみると……へえ〜、フランス語だったんですね。最初に書いてあった意味は、「軽妙な短い物語」。僕と坂上二郎さんがやっていたのは「軽妙な短い物語」と言えなくもないので、ちょっと安心しました。

だけど、僕らのコントにはフランスの香りはまるでしません。フランスの軽妙ではなく、浅草の軽妙。コント55号は、あくまで浅草軽演劇を土台にした動きのコントでした。二郎さんも動きの基礎ができていましたし、セリフと動きのズラシ具合がなんともおかしいんです。

先ほど紹介した渥美清さんの寅さんと同じ。僕が無理難題を吹っかけると、身体中で「無理、無理」と表現しながら、「できますよ」と、裏側のセリフを言う。しかもまん丸顔にちっこい目だから、なんとも愛嬌があるんです。

そうそう、ボケがうまいコメディアンは、みんなかわいく見えます。ボケているときの東八郎さんや三木のり平さんも、抜群にかわいらしかった。

そこへいくと、ツッコミ役は損な役回りです。僕にしても二郎さんの失敗や欠点を容赦なく追及していく役なので、一歩間違えるとイジメに見えてしまう。ツッコミ役はそこを注意しないといけないのですが、コント55号の場合は二郎さんがなにを言われてもめげないで笑いにしてくれました。ありがとう、二郎さん。

ところで「ツッコミとボケ」のことを、コント55号は「フリとコナシ」と言っていました。ツッコミとボケという言葉はかなりキツイ感じがしますよね。だから、無理なことを相手に「フッて」、相手は必死に「コナシて」いく、という意味で「フリとコナシ」という言葉を考えたんです。

もう少し具体的にどこが違うかと言うと、うまくできない相手に「なんでできないんだよ！」と直球で言葉を投げるのがツッコミ。コント55号の場合は、「じゃあ、こうやってみたら？」と別のことを相手に振っていくことが多いので、それを「フリ」と言っていたの。二郎さんはボケるというより、僕に振られたことを一生懸命こなそうとしていたので、コナシと言っていた。

いや、もうほんとに、二郎さんはすべてのことをコナシてくれました。突拍子もないことを振られても、決して「できない」とは言いません。

そういえば、コント55号のネタを「不条理コント」と称した人がいました。たしかに僕は常識外のことを次々二郎さんに要求していましたから、不条理コントとも言えるかもしれません。

二郎さんの優れたところは、僕に言われた通りのことを、全力でとにかく一生懸命やる。絶対にその状況から逃げようとしません。でも、僕の要求がめちゃくちゃだから、できない、なにか欠けてくる、どこかがズレてきて笑いになる。

そこをまた僕が突くと、今度はごまかす、いやいややる、横着する、とパターンを変えて反撃してきます。うまいボケ役は徐々に面白さを増して、動きで七段階ぐらい笑わしてくれます。

自分の弱点、欠点を突かれても、二郎さんはまったく「苦にしない」。「気にしない」より一段階上で、なにがあっても勇敢に、とことん理不尽なことにつき合ってくれる。だから、観ているお客さんを惹きつけて、全部自分の味方にしてしまうんです。

コントの途中、よく「ヒヒヒ……」と笑っていた二郎さんですが、あの笑いが最初に出たときは、次にやることを頭のなかで考えています。何回もボケを重ねてまだすごく笑ってるときは、僕にこう訴えかけているのです。

「欽ちゃん、これ、もう限界。違うネタ振って」

コンビって、長く組んでいると、ちょっとした表情や身体の動きでお互いの気持ちがわかってきます。55号のコントは言葉に頼っていないから、セリフも少なかったですね。さっきも言いましたが、近頃のコントを観ていて思うのは、身体の動きを使わず、言葉で笑わせようとしていること。それと、今のボケ役は安易な方法で「間違える」を表現するので、かわいさを感じず、単なるニブイ人に見えてしまうこともあります。

今、テレビで若手のコメディアンや俳優さんとアドリブのコントをつくっていますが、僕が目指している一つがこれです。

第二の二郎さんを育てたい！

二郎さんが冴え渡った55号の名作コント

「なんだ、お前たちのコントは、ほとんどが『天井』じゃないか。昭和初期のコントでちっとも新しくないな！」

コント55号が仕事で大阪に行ったとき、喜劇や漫才の台本を書いている香川登志緒さんにこう言われました。香川さんといえば、昭和三〇年代から四〇年代にかけて、藤田まことさんの主演で大ヒットしたテレビコメディ番組『てなもんや三度笠』の脚本家でもあります。僕たちにとっては雲の上の作家さんですが、僕は反射的に言い返してしまいました。

「はい先生、そうですよ。僕たちのネタは『天丼』です。でも55号は『天丼』を新しくしていますから」

ちょっと生意気でしたが、これは本音です。55号のコントはたいてい「天丼」か「先後」をアレンジしたものですが、僕たちは自信をもって演じていました。たとえば「天丼」ネタで二郎さんが冴えまくったのが『吉祥寺音頭』。こういうネタです。

【吉祥寺音頭】

さっきも言ったように、コント55号のコントは、二郎さんにできそうもないことを僕が強引にやらせる天井パターンが大半です。そこで、「たまには二郎さんが得意なものをネタにしよう」と思って、聞いてみました。

「二郎さん、なにかできることある？　二郎さんがこんなことをできるなんて意外だな、とみんなが思うようなことってない？」

二郎さんの答えは、本当に意外でした。

「俺、日本舞踊ができるのよ」

「あっ、そうなの？」

「うん、ちょっとうまいよ」

「じゃあ今度、それをやるから」

こうして生まれたのが『吉祥寺音頭』です。登場人物は町内会の世話役と、町内にある呉服屋の主人。世話役の僕が、呉服屋さんに盆踊りの振り付けを頼んでコントは始まります。

「♪チャチャンカチャン　ハア〜　ニンジョ（人情）　アイジョウ（愛情）　キチジョージ〜（吉祥寺）」

と僕が歌いだすと、二郎さんはさっそく即興で踊りながら振りをつけていく。

「いいですね〜、いいですね〜　あのォ〜、どこかにくるっと回るのを入れてくれませんか。ハイ、チャチャンカチャン　ハア〜　ニンジョ　アイジョウ　キチジョ〜ジ…」

初めから二郎さんがやり直すと、途中で止めて、

「いいですね〜、あのォ〜、阿波踊りのチャッチャヤッチャヤという手を入れてくれませんか？　ハイ、チャチャンカチャン　ハア〜……」

二郎さんは阿波踊りの動きを入れて振り付けし直して、また僕に止められます。

「坂上さん、最初の足をトントンとやる動き、忘れてますよ」

さらにそのあと、「最近はやっている新体操の動き、入れてもらえませんかね？」「ガラッと変えて、ラテンの要素、入れてみましょうか」と、次々新しい要求をしていくんです。

二郎さんは、すべてに真剣に取り組んでくれるけれど、三つ、四つと要求が重なると、大事なところをカットしちゃう。五つ、六つになると、頭で整理がつかなくなって、踊りが乱暴になってきます。

新しいことを言われるたびに、身体は「やめてくれ」を示しながら、口では「はい」と言うんです。「無理ならいいんですよ」と言われると、「はい、無理です」と顔で言いながら、言葉に出すのは、「無理はしてませんよ」と、裏の芝居をしている。ここが肝心。並みのボケ役だと、ここで言葉と表情、動きが全部揃ってしまいます。

二郎さんは、動きとセリフのズラシも見事なら、踊りも見事でした。後半、踊りがめちゃくちゃになっておかしいのは、最初の踊りがきちんとしているからです。六段階、七段階と笑わせてくれる二郎さんの息が完全にあがってくるとエンディング。

「坂上さん、そろそろ振りをまとめていただけませんか？　この曲、一〇番まであるんです」

と僕が言うと、二郎さんは走って逃げて幕となります。

【マラソン】

もう一つ、今度は「先後」でつくったコントをご紹介します。規則を定められるとなにもできなくなってしまうというパターンです。これをつくったとき、ちょうどオリンピックが話題になっていたので、マラソンのネタを思いつきました。

登場人物はオリンピックのマラソンコーチとマラソン強化選手です。といっても、もちろんごく普通の設定ではありません。二郎さんが扮する強化選手は、線路を整備する鉄道マン。足腰の強さを見込まれてマラソン強化選手に選ばれ、つるはしを担いで強化練習場にやってきます。

コーチと胸に大きく書いてあるTシャツを着た僕を見つけた二郎さんは、すかさず聞きます。

「チーコさんですか?」

「チーコじゃないよ! コーチ! 君はどこから来たの?」

「はい、田端保線区からまいりました」

足腰が強いことで強化選手に推薦された二郎さんですが、マラソン経験はありません。

「じゃあ、走りを見せてもらおうか」と言われると、つるはしを担いだまま走り出す二郎さん。早いんですが、いつも枕木の上を走っているので、歩幅が異常に狭い。

つるはしを置いて走ってもらうと、右手と右足が一緒に出たり、走りがめちゃくちゃになってしまう。やり方をいろいろ変えて教えてもうまく走れない、というのをずっとくり返していくコントです。

このコントでは、走るシーンになってから、二郎さんは一言もしゃべっていません。すべて動きのアドリブで笑わせていきます。

冒頭、二郎さんが「コーチ」を逆から読んで「チーコさんですか?」というところ、二郎さんの得意ワザです。僕たちの世界ではこういうのを「小ネタ」と呼んでいましたが、二郎さんは登場したとたん小ネタやダジャレを飛ばすクセがあるんです。緊張をほぐす意味と、早くウケたい気持ちからでしょうね。

でもダジャレや小ネタは、浅草の軽演劇では嫌われます。僕も嫌いなので、二郎さんには「小ネタやダジャレを言ったらコンビ解散だよ!」と言っていました。だから二郎さん、いつもは封印していたんですが、『マラソン』の初演のとき、つい「チーコさんですか?」と出ちゃった。

これがね、すごくウケたんです。実は僕もプッと吹きそうになったくらい。でも僕の小ネタ嫌いを知っているから、二郎さんはあとで僕にこう言ったんです。

「今日は初日だったから言っちゃったけど、明日からはチーコって言わないからね」

「いや、二郎さん、あれけっこうおかしかった。お客さんにもウケてたし、このまま置いておいていいんじゃないの」

　僕がそう言うと、二郎さんはうれしそうな顔をして、

「そうだよね、あれ、ウケたよね。面白かったよね、面白いよね！」

もう子供みたいにはしゃいで、かわいいの。それで『マラソン』のネタには、コント55号で数少ない小ネタのセリフが残ったんです。

　マラソンは日劇の連続公演で披露したんですが、二郎さんが偉いのは、日を追うごとに自分が扮するキャラクターをどんどん深めていくところ。『マラソン』のときは、二日目に登場した二郎さんの足元を見ると、初日のスニーカーが地下足袋に替わっていました。この人物ならこういう服装、こういう話し方をするだろうと洞察して、それに近づけていく。一流のコメディアンって、人間観察のプロでもあるんです。

しりとりは大人にこそ必要だ

「55号のコントはどういうところから発想するんですか？」

数えきれないほどいろいろな人に聞かれましたが、コント55号をやっている頃は、ぜったいに言いませんでした。

「コメディアンってね、ひらめくんですよ」

なんてごまかすのですが、なかには食い下がる人もいます。

「えっ、じゃあ今もひらめくんですね。どんな風にひらめくんですか？」

そう言われたら、こんな風に答えます。

「今でも大丈夫よ。今度のコントはタコと小鳥！」

相手の顔はハテナマークになって、

「タコと小鳥？　どういう展開になるんだろう？　そういう不思議な組み合わせって、どこから降りてくるんですか？」

なんて聞いてくるので、「これ以上は教えない」と言っていました。なぜ教えなかったかというと、実はあまりにも単純だから恥ずかしくて言えなかった。

コントをつくるための方程式はいくつかありますが、いちばん簡単なのは「しりとり」。子供の頃、だれでもやるしりとりとりです。

たとえば「た」から始めるとして、「タイタニック」、「クマ」、「マント」、「戸隠」、「シンゴジラ」、「ラジオ体操」、「うっぷん晴らし」……もういくらでも続くでしょ。これをやると、並んだ言葉にはなんの関連性もないから、予想もつかない組み合わせを発見できます。今の場合、最初の「タイタニック」と「クマ」で、もうコントはできちゃう。

タイタニックとクマが並んだら、まずそれの普通を考えます。タイタニックなら海の悲劇、でも恋の物語もあるから、わりときれいな話。ところがクマという「裏」がでてくるので、話の展開が楽しめそうだな、と判断するのです。

「二郎さん、明日クマの話をするからね。クマがでてくる広い話」

と二郎さんに言っておけば、それだけでアドリブコントが完成します。

「昨日、『タイタニック』の映画観たんだけど……」

「おまえさ、いつも自分が観たものの話をするけど、俺も昨日観たものを話したいんだよ」

「あ、そうなの、何を見たの？　『タイタニック』ぐらい大きな話じゃないと許さないよ」

「大丈夫、大きいから」

「何を見たの？」

「クマ！」

「ちっちゃいじゃない！」

なんて転がして、最後は恋の物語になるようにするとか。しりとりって子供の遊びと思うかもしれませんが、暇なときにやってみると自分の発想のクセにも気づきますし、面白いですよ。

コメディアンの場合、「お前、四歳児になってなんか言ってごらん」なんて振られたときも、しりとりで考えればいい。たとえば「す」から始めて「スイカ」がでてきたら、次の「か」まで考えておいて、「スイカはうちにはないけれど、カワセミはいます」とか。

「の」から始めて「野原」と思いついたら、すぐ「野原で……」と言って、そのあと「で」で連想して、「野原でね、田楽を食べるのが好き」なんていうのでもいいですね。

四歳児は思いついたことを並べるだけですが、大人になると関連性がない言葉じゃつなげちゃいけない、という思い込みがありますよね。これが発想を狭めるんです。子供時代の自由な発想を取り戻すためにも、しりとりっていいですよ。休みの日に何人かでやって、わけのわからないつなぎ方をした人をツッコんでいくと、爆笑の連続になること請け合いです。

だれでもコントができる方程式

しりとりのほか、僕が若い頃から心がけていたのは、「上と下」、「縦と横」、「高い低い」、「でかい、小さい」、「極楽と地獄」など、反対語や対になる言葉がすぐ浮かぶようにしておくことでした。

劇場で言うと、「明治座は大きい」、「下北沢スズナリは小さい」と、まず「普通」を覚えておく。劇場の舞台あいさつでも、まず普通のことが言えるようにしておきます。

「こんなに大きな劇場なのに、たくさんのお客様にお来しいただき、ありがとうございます」

「こんな小さい劇場で多数のお客さまにご来場いただき、ありがとうございます」

「小さなところに大勢きていただいてありがとうございます」

とか。これができるようになったら、「裏」を使ってみましょう。たとえば二〇〇人収容の劇場に七〇人しか入っていないときはこんな風。

「今日はあまりにも大きい会場でやりすぎましたね」

小さい会場でのあいさつで、

「今日はコマ劇場の支店にようこそ！」

と言うのもいいですね。反対の言葉、対になる言葉を使う修行をしていると、だんだん直球ばかりでなく、言葉をカーブさせたりできるようになります。

「私、極楽に行けますかね？」

と相手に聞かれたとき、

「お前は極楽へは行けない。地獄に落ちる！」

と言ったら普通。直球の切り返しで面白くありません。カーブはこんな風に投げます。

「あなたは極楽には行けませんね」

「えっ、地獄行きですか？」

「地獄にも行けませんね」

「えっ、じゃあ私の行くところはどこですか？」

「下水道でしょうね」

「えっ、下水道⁉」

極楽と地獄は普通だけど、極楽に行くほどいいやつじゃないし、地獄まで落ちるほど悪くない、「上下で言えば下に近い」と考えていくと、「下水道」とか「地底国」が浮かぶ。こういう簡単な方程式を覚えておけばいいんです。

もう一つコントのつくり方で言うと、日常の道具をどこか外へ持っていくといい。と言っても実際に持っていくわけではありません。あくまで想像。たとえばソファーを玄関の前に置いてみてください。その景色を想像すると、常識的な日常が、突然違ってみえますよね。こういうことが大事なんです。

昔、放送作家志望の青年たちが僕の家に住んでいたとき、彼らにこう言ったことがあります。

「部屋にある電話を車の上や公園に持っていってごらん。そうすると違和感のある景色が浮かんで、そこから話ができていくよ」

しばらく経った頃、一人が僕に聞いてきました。

「大将（僕はこう呼ばれていました）、電話が青森の果てまで行っちゃったんですけど、海を渡って北海道へ入ったほうがいいでしょうか？」

「お前ね、そんな遠くまで持って行く前に、なにか物語に気づいてほしいんだけど」

そのときはこう言いましたが、彼のやり方は正解です。近くでまとめようとしないで、なるべく遠くに発想をもっていく。このことはコメディアンの世界だけでなく、ほかの仕事でアイデアや新製品を考えるときにも役立つと思います。

童話が僕の笑いの原点

僕ぐらいの年齢になると、「座右の書は？」と聞かれたとき、たいていみんな、むずかしそうな本を挙げるのでしょうね。僕は普段あまり本を読みませんし、座右の書と言われてすぐに浮かぶ本はありません。

でも、僕にとっての「教科書」的な本ならすぐ浮かびます。吉岡たすくさんという人が書いた『小さいサムライたち』。小学校低学年向けの本で、シリーズ化されています。登場人物も小学生ですが、彼らの言葉や行動がなんとも愛らしくてね。たとえば僕が大好きなのはこんな話。

ある朝、学校の先生はタカオ君の服がなんとなくおかしいことに気づきます。よく見ると、ボタンが一つずつズレてとめてありました。先生がそれを注意すると、タカオ君は自分でも気づいていました。

不思議に思った先生が、ズレているのがわかっているのになぜ直さないのかと聞くと、タカオ君の考えはこうでした。今日は二時間目が体育で、そのときに着替えるからいいや。

タカオ君の考え、いいですよね。それを知った先生の感想が最後に書いてあるんですけど、それがまたいいの。この先生は、「こんな楽しい子が何人かいるといいな」と思うんです。

もう一つ紹介しちゃいましょう。今度は女の子のお話。

二時間目の授業が始まって先生が教室に行くと、一時間目にはいたヒデコちゃんの姿が見えません。どこへ行ったのかみんなに聞いても、だれも知らない。おかしいなと思っていると、ヒデコちゃんがうしろのドアから入ってきました。ハアハア息を切らしている姿を見ると、走ってきたようです。

先生がワケをたずねると、クレパスをとりに帰っていたと言います。でも、ヒデコちゃんの机の上には、二時間目に使うクレパスがちゃんと乗っているのです。先生がさらに聞くと、ヒデコちゃんがクレパスをとりに行ったのは、友だちのミッちゃんの家でした。

クレパスを忘れたことに気づいたミッちゃんが、家まで取りに戻っても、自分は足が遅いから授業に間に合わない、と泣き出したので、ヒデコちゃんが助っ人を買ってでたのです。

「ワタシ、走るのが速いから、代わりにとってきてあげる」と言うなり、ヒデコちゃんは全速力で友だちの忘れものをとってきた。汗びっしょりでそう話すヒデコちゃんを見て、先生はすごくうれしくなりました。

というお話。いいでしょ。この本には、こんなかわいい話がたくさん載っています。子供時代って、発想が素直で豊か。しかも、この本に登場する先生が子供たちに向ける眼差しがとってもやさしいんです。

この本を僕に勧めてくれたのは、たんくだん吉（のちの車《くるま》だん吉）でした。だん吉はタレントで漫画家でもありますが、一時期僕の家に住んで身の回りのことを手伝ってくれていたんです。

日頃僕がほとんど本を読まないのを知っていただだん吉は、こう言って『ちいさいサムライたち』を僕に手渡してくれました。

「大将もこれなら読むんじゃないかな。これ、一話が二、三ページで終わる本だから」

なんの期待もせずに読んでみたら、すご～くよくてね。ちょうど僕が、コント55号の方向性について考えていたときだったので、よけい心に響いたのかもしれません。

僕がそれまで追求してきた笑いとはまた別の、日常のなかに生まれるほんわかとした笑い。これからはこういう笑いを追求していこう、この本を自分の教科書にしよう、と思いました。

興味がわいた人はぜひ手に取って読んでみてください。あったか〜い笑いがじわっとこみあげてきますよ。

浅草軽演劇がテレビで復活

二〇一七年の五月、僕は七六歳になりました。普通なら毎日家にいて、テレビでのんびりお相撲を観たり、盆栽の手入れなんかをしながら隠居していてもおかしくない歳です。

でも、幸運なことに、僕はまだ仕事をしています。しかも、僕の原点だった浅草の軽演劇を、大好きなテレビで復活させようという、願ってもない番組もスタートさせました。ＮＨＫ・ＢＳの『欽ちゃんのアドリブで笑』がそれです。前にも少しお話ししましたが、若手のコメディアンや俳優さんを集めて、僕が浅草時代に修行したことをやってもらうという内容。

最初にプロデューサーさんと打ち合わせをしたとき、「全部アドリブでやりましょう」と提案しました。軽演劇の動きを、アドリブでマスターしてもらう。僕も一緒に動ければいちばんいいのですが、残念ながら身体が思うように動いてくれません。

だから、僕はただ指示するだけ。言わば僕が師匠役で、軽演劇の基礎修行をテレビで公開する番組です。収録場所も舞台を使い、会場に一〇〇人ぐらいお客さんを入れて、劇場での新人稽古風景を生中継しているようなつくりにしました。

収録でなにをやるか、出演者には事前になにも知らせません。僕だって、全体像はつかめていない。「洗濯で縮んだシャツに一言」とか「筋肉痛のピンポン」とか、思いついた大枠のことをメモしておくだけ。そのメモだって実際に使うかどうかわかりません。収録現場に着いてからは、すべてアドリブです。

本当は「毎週一回の番組にしませんか?」と言われたのですが、それはとても無理。なにが無理かって、僕の体力が持たない。指示するだけのつもりで臨んでも、身体はどうしても動いてしまうので、一回収録するたびに寿命が縮まる思いなんです。

それに、毎週収録して、出演者がすぐにできるようになったら困っちゃう……とも思っていたのですが、予想以上にみんなできなかった。でも、一回一時間半の番組を四回終えて、少し見えてきました。

この人はいいものをつかみかけているな、あの人は法則をマスターしたとたん一気に伸びそうだな、基礎はぜんぜんできていないけれどキラキラ輝いている人がいるな……出演者一人一人がとても愛らしくてね。

だけど、収録現場では、ぜったいに甘い顔は見せません。アドバイスも一切しない。それぞれが自分で発見し、弱点を克服し、長所を伸ばしていけるよう、もどかしくてもずっとそばで見つづけるのが僕の役割。

それにしても、原点の浅草軽演劇を、大好きなテレビで再現できるなんて、僕は幸せものだとつくづく思います。出演者が見事に育ってくれたら、コント55号のネタをテレビで再現したいなぁ。

そのために僕、自分の財産をすべて若い人たちに渡すつもりなので、気を長くして、でも決してあきらめないで待っていてくださいね。

おわりに

――結果は「おわり」ではなく、未来の「始まり」

「どうしたら欽ちゃんみたいに七〇代まで仕事を続けられるの?」

この頃、ときどきこう聞かれるようになりました。初めて聞かれたとき、えっ? と思いました。だって、自分では年齢のことなんかぜ〜んぜん考えていなかったから。それで、こう答えたんです。

「自分では、そういうことに気づいてもいなかった」

でも、何回か聞かれるうち、こうも思いました。そういえば僕、今も四六時中仕事のことを考えているな、って。学校の授業を聴いていても、ちょっといい話がでてきたりすると、ああ〜、これを「笑い」のネタにしたいなぁ、なんて考えちゃう。だから授業の内容が頭に入りにくい、という学生としての弱点はあるけれど、「笑い」の仕事で言うと、まだ終着駅にたどり着いていないんでしょうね。

いや、たどり着いたものがあったとしても、そのとたんつまらなくなって、別の夢が浮かんじゃう。浮かぶともう、その夢の終着駅を目指して走りだしてる。こうやって「笑い」の修行は、僕の人生が終わるまでつづいていくんじゃないかな。

今追いかけているのは、浅草の軽演劇をテレビで再現する夢。「はじめに」にも本のなかにも書いたのでここでは詳しく書かないけれど、僕が浅草時代に体験したことを若い人に伝えていきたいの。

そのきっかけになったのは、二〇一一年の初めに起きた、こんな出来事でした。

「もう一回、視聴率三〇パーセントの番組をつくりましょう」

ある夜、仕事先から家に戻ってきたら、玄関先でこう言われたんです。声の主は、八〇年代に『欽きらリン530!!』を一緒につくった土屋敏男（現日本テレビ・エグゼクティブプロデューサー）さん。土屋さんは『進め！　電波少年』で「アポなし取材をはやらせた人ですが、このときもアポなし。家の前で待ち伏せして、いきなり言った言葉がコレだもん、うれしくて僕、泣きそうになっちゃった。

それで一生懸命番組をつくったんですが、見事にコケました。ここで「終わり」と思えばこの番組は「失敗」だよね。だけど、土屋さんと試したことはいつかまた別の形でぜったい活きる、と僕は信じてました。

そうしたら、それがＮＨＫの番組につながったんです。ほらね、失敗は失敗のまま終わらないでしょ。さらにうれしいのは、この仕事には僕の大好きなものが二つ揃っていること。僕の原点でもある浅草の軽演劇を復活するという夢、それを僕が大好きなテレビという媒体で実現できる。そのうえ、収録場所も僕が好きな舞台仕立てにして、会場に来たお客さんの前で若い人の成長を見せられるわけだから、二つじゃなく、三拍子揃った幸運とも言えますね。

こんなに大きな運がくるなんて、気をつけないと危ないぞ、と頭の片隅で思いながらつくっていたら、案の定、ある回の収録が終わったとたん、意識が遠のいちゃった。病院で詳しく検査してもらったら、どこも悪いところはなし。このとき頭部のＭＲＩも撮ったら、「アタマは年齢よりずっと若い」と、先生のお墨つきまでいただいちゃった。

健康ブームに乗っかるつもりはありませんが、仕事のためを思ってできることはしていかなくちゃね。だって、僕にはまだ、夢中で追っかけている夢がある。若い人が育って第二の坂上二郎さんが誕生したら、コント55号時代の「笑い」を、もう一度やってみたいんだよね。

プロデュース　栗田晃一
構　　　成　浅野恵子
編　　　集　飯田健之
編集協力　松山　久
カバー写真　今津勝幸
ＤＴＰ製作　三協美術

協　　　力　株式会社 佐藤企画

ダメなときほど笑ってる？
失敗をぜ〜んぶ「笑い」に変える方法
2018年3月7日　第1版第1刷

著　者　萩本欽一
発行者　後藤高志
発行所　株式会社廣済堂出版
〒101－0052　東京都千代田区神田小川町
2－3－13　M&Cビル7F
電話 03-6703-0964(編集)　03-6703-0962(販売)
Fax 03-6703-0963(販売)
振替 00180-0-164137
http://www.kosaido-pub.co.jp

印刷所
製本所　株式会社廣済堂

装　幀　株式会社オリーブグリーン
ロゴデザイン　前川ともみ＋清原一隆(KIYO DESIGN)

ISBN978-4-331-52142-7　C0295